Ingerose Paust

Und traf sie mitten ins Herz

Zwischen den Fronten
Die Geschichte einer Familie in Kroatien

BRUNNEN VERLAG GIESSEN

ABCteam-Bücher erscheinen in folgenden Verlagen:
Aussaat-Verlag Neukirchen-Vluyn
R. Brockhaus Verlag Wuppertal
Brunnen Verlag Gießen
Christliches Verlagshaus Stuttgart
(und Evangelischer Missionsverlag)
Oncken Verlag Wuppertal und Kassel

Die Deutsche Bibliothek – CIP-Einheitsaufnahme

Paust, Ingerose:
Und traf sie mitten ins Herz: zwischen den Fronten ;
die Geschichte einer Familie in Kroatien / Ingerose Paust. –
2. Aufl. – Giessen : Brunnen-Verl., 1993
(ABC-Team)
ISBN 3-7655-1539-6

2. Auflage 1993

Umschlaggestaltung: Gisela Scheer
Satz: Uhl + Massopust, Aalen
Herstellung: Clausen & Bosse, Leck

1

„Ist es wahr, Marija*, daß Stjepan Pavlovic sich an Jovana heranmacht?"

Ladislav Matic fragte seine Frau mit gepreßter Stimme. Besorgnis schwang darin, es könnte wahr sein – aber auch die Hoffnung, daß Marija ihn lächelnd beschwichtigen würde. Sie hatte ein besseres Verhältnis zur Tochter als er. Jovana besaß den unbeugsamen Charakter des Vaters, und beide standen deshalb oft kontra. Ladislav wußte also, er würde sie kaum beeinflussen können, nur der Mutter konnte das gelingen.

„Nun?" drängte er, als sie nicht sogleich antwortete.

„Ist Stjepan kein ordentlicher Mensch? Wir kennen ihn so gut wie jeden anderen im Dorf, er hat niemals Anlaß gegeben, ihn zu tadeln. Oder weshalb solltest du ihn nicht mögen?" fragte sie zurück.

---

* Ein Personenverzeichnis und eine Landkarte befinden sich am Ende des Buches.

„Du weißt genau, was ich meine!" erregte er sich.

Marija legte ihre Hand liebevoll auf seinen Arm. „Als wir jung waren, hast du anders geredet: Du hättest mich ohne jedes Vorurteil genommen, sagtest du damals. Erinnerst du dich?"

Er holte tief Luft. „Ja, damals gab es gerade den blutigen Streit zwischen der Familie des Großpächters und dem Häusler Miodrag. Da wollten reich und arm zusammen, und weil der wohlhabende Vater den Sohn nicht verstand, brachte er ihn um. Beide Familien waren Serben ..."

„So war's, Ladislav. Die Pavlovic' und wir sind aber beide Bauern. Beide haben wir ein fast gleich großes Anwesen. Stjepan ist Lehrer geworden, weil er das Zeug dazu hatte. Er ist dabei nicht überheblich, sondern so geblieben, wie wir Dorfleute sind. Beliebt ist er bei jedermann im Dorf. Mit welcher Begründung wolltest du ihn ablehnen, wenn er wirklich um Jovanas Hand bitten sollte?"

„Spiel nicht naiv, Marija. Wenn Tito auch meint, mit dem Kommunismus alle Gegensätze im Lande ausgelöscht zu haben, sind wir doch Serben geblieben. Die Pavlovic aber sind Kroaten!

Überleg mal: Unser Dorf mit seinen vierzig, fünfzig Häusern ist doch regelrecht gespalten, und fast jeder sieht darauf, daß er sein ‚Lager' nicht verläßt. Dafür sorgen schon der Pope und der Priester, keiner will eins seiner Schafe an den andern abtreten."

„Seit wann beugst du dich so sehr der Meinung unserer Dorfleute?"

„Ich beuge mich nicht", erwiderte er unwirsch, „ich meine nur, ein Herüber und Hinüber ist nicht gut."

„Du hättest mich also nie angeschaut, wenn ich kroatischer Abstammung wäre? Was könnte ich für meine Großeltern? Hast du mich nicht ohne Vorbehalte geliebt?“

„Du willst mich nicht verstehen! Jovana ist ein schönes, begehrtes Mädchen. Muß es gerade dieser Stjepan sein?“

„Für mich gab es auch nur einen: dich.“

„Setze getrost hinzu: obwohl sich auch andere um dich bewarben.“

Er lächelte. „Ach, ihr Frauen!“

„Sag, Ladislav, worin unterscheiden wir uns denn voneinander, die Kroaten und wir Serben? Beide sind wir doch gleicher slawischer Abstammung, beide sprechen wir serbokroatisch.“

„Du hast recht, Marija. Trotzdem würden viele darüber reden und uns nicht verstehen, wenn wir hier ohne weiteres zustimmen.“

„Andere würden froh sein, wenn wieder einmal jemand den Teufelskreis durchbräche und sie mit einer freieren Entscheidung nicht allein stünden.“

„Wir lassen die Sache an uns herankommen, noch ist Stjepan nicht hier. Bei den jungen Leuten kann sich rasch etwas ändern. Das ist nicht mehr so wie zu unserer Zeit, Marija. Ich will mir aber inzwischen den Lehrer etwas genauer ansehen. Jovana ist unsere einzige Tochter. Ich liebe sie auf meine Art, auch wenn ich’s ihr nicht zeigen kann. Die Söhne werden gewiß aufpassen, wen sie sich ins Haus holen, da ist mir nicht bange. Eine Tochter aber gibt man fort . . .“

Das war eine der längsten Reden, die der eher wortkarge Ladislav Matic seit Jahren geführt hatte.

Zur selben Zeit im selben Dorf: Mihajlo Pavlovic hatte eine Auseinandersetzung mit Olga, seiner zweiten Frau.

„Die kommt mir nicht ins Haus, das ist wohl klar, Mihajlo! Ich denke aber, du weißt selbst, was du unserem Ansehen schuldig bist, und wirst deinen Sohn entsprechend lenken. Schlimm genug, daß er so etwas überhaupt in Erwägung zieht!"

Er antwortete nicht sogleich. Gut, daß er sich zügeln konnte, sonst hätte es schon manchen Streit zwischen ihnen gegeben. Als Stjepans Mutter starb, wirtschafteten die beiden Männer eine Zeitlang allein. Aber als der Sohn schließlich zum Studium in die Stadt zog, war er froh, daß Olga ihm manchmal helfend zur Hand ging und ihn von den Pflichten im Haushalt entband. Vor zwei Jahren heirateten sie.

„Stjepan ist noch Student", entgegnete er jetzt beherrscht. „Wo er einmal als Lehrer eingesetzt wird, weiß man nicht. Du hast also keinen Grund, die jungen Leute im Hause zu fürchten."

„Soll das heißen, wenn er anderswo wohnt, wäre es weniger schlimm, eine Serbische, eine Orthodoxe in die Familie gebracht zu haben?"

„Du redest wie unsere Großeltern. Die Zeiten haben sich geändert, wir sind inzwischen zu einem Land vereint."

„Das bedeutet längst nicht, daß wir unsere Herkunft vergessen! Die Serben waren seit eh und je machthungrig, und auch jetzt wollen sie die erste Geige spielen."

„Tito ist ein kroatischer Bauernsohn. Aber auch wenn es nicht so wäre – einmal muß die alte Zwietracht vergessen sein. Ich werde mit Stjepan reden, aber ich kann ihm nicht vorschreiben, wen er sich zur Frau nehmen soll. Er ist erwachsen. Ich werde ihm nur die Bedenken ins Gedächtnis rufen, die so viele Menschen noch hegen und die es seiner Familie einmal schwermachen könnten."

„Ich habe nicht gewußt, daß ich solch einen Dummkopf zum Mann habe!" erboste sich Olga. Ihre graugrünen Augen funkelten.

Mihajlo wußte, daß er sich jetzt auch um des Friedens willen nicht beugen durfte, sonst würde er seine Selbstachtung verlieren. Trotzdem mühte er sich um einen sachlichen Ton: „Du wirst dich mit keinem Wort in Stjepans Angelegenheiten mischen. Er ist mein Sohn, ich möchte mich nicht zwischen ihm und dir entscheiden müssen. Du hast mich verstanden, hoffe ich."

„Ja, er ist glücklicherweise nur *dein* Sohn!" Olga warf die Tür hinter sich zu.

Sonntag, 24. Februar 1991

An diese beiden Gespräche, die Stjepan und Jovana vor ihrer Hochzeit ungewollt und von den Eltern unbemerkt mit anhören mußten, haben sie lange nicht mehr gedacht. Aber heute, am Morgen ihres Silberhochzeitstages, ist die Erinnerung wieder greifbar nahe.

Ladislav und Marija Matic sind beide tot. Sie kamen bei einem Autounfall ums Leben. Trotzdem sind sie heute gegenwärtig, nicht nur für Jovana. Auch in Stjepans Gedanken sind sie dabei, weil Marija ihm eine Mutter war, die er als Junge so vermißte.

Das Ehepaar und die mit ihm feiern wollen haben in der altehrwürdigen Sankt Peterskirche von Selo, ihrem Heimatdorf in Slawonien, an einem Dankgottesdienst teilgenommen. Nun knien Stjepan und Jovana vor dem Altar, und Ivan Movrin, der katholische Priester, spricht mit warmer Stimme den Segen über sie. Es bedeutet beiden viel, ist keine bloße Zeremonie. Sie haben sich damals zur Hochzeit vorgenommen, ihr Leben vom Glauben bestimmen zu lassen, und sich dabei Marija Matic zum Vorbild genommen. Sie vertrat die Ansicht: Es ist kein orthodoxer und kein katholischer Gott, sondern der *eine* Herr, an den sie glauben. Sein Wort allein ist das Fundament.

Die ganze Gemeinde nimmt Anteil an dieser Einsegnung, und das sind fast alle Kroaten des Dorfes. Sogar die meisten der Kommunisten gehören dazu – diese Freiheit haben sie sich von der Partei nicht beschneiden lassen. Zu tief ist der katholische Glaube in ihnen verwurzelt.

Ivan Movrin, der Priester, ist ein tatkräftiger, gewandter Mann in den Fünfzigern. Er kapselt sich nicht ab, sondern teilt die Freuden und Sorgen der Menschen, ja ihren Alltag. Zu ihm kann man kommen, und er kommt zu seinen Leuten – nicht nur, wenn sie krank sind. Er ist auch jederzeit offen für einen Orthodoxen, wenn es nottut. Aber Raco Radic, der für die Seloer Serben zuständige Pope in Predgrade, sorgt gebieterisch für Abgrenzung. Er ist über siebzig und lebt mit zunehmendem Alter immer zurückgezogener. Die Kroaten ignoriert er weitgehend.

Dieses Verhältnis ist durchaus nicht die Regel in Slawonien, an anderen Orten zeigt sich der Pope mitunter toleranter als der Priester.

Vor fünfundzwanzig Jahren amtierte hier noch Ivan Movrins Vorgänger, der sich offenkundig die Hände rieb, mit der Braut ein neues Schäfchen für „seine" Herde gewonnen zu haben. Seine Ehrwürden Raco Radic entfachte damals einen unwürdigen Streit um Jovanas Übertritt zur Konfession Stjepans und machte ihren Eltern buchstäblich die Hölle heiß. Er verbot ihnen das Betreten der katholischen Kirche – auch oder gerade zur Trauung. Sie kamen trotzdem, Jovana liebte sie dafür um so mehr.

Sie schaut sich in der Kirche um. Würden sich ihre Brüder daran erinnern und heute auch herkommen? Sie hatte es im stillen gehofft, aber vergebens. Slobodan und Slavko sind nirgends zu entdecken.

Nach dem Gottesdienst gehen sie in den Dorfgasthof. Stjepan ist überzeugt, die Schwager warten dort schon auf sie. Nein, keiner ist da. Unmut steigt in ihm auf. Aber dort drüben – da scheint Slobodan zu kommen! Doch wo bleibt Slavko? Nun, noch ist etwas Zeit bis zum Mittagsmahl...

Stjepan stellt immer wieder fest, wie sehr mancher – gewollt oder nicht – den Stempel seiner Nationalität trägt. Warum muß das so sein? Als Lehrer hat er stets versucht, den Kindern deutlich zu machen, daß da eigentlich gar kein Unterschied bestehen dürfe: Beide Volksgruppen sind Südslawen, kein äußeres

Merkmal kennzeichnet sie als diesen oder jenen. Obwohl es heutzutage schwierig geworden ist, will er die Erziehung in diesem Sinne beibehalten.

Hier im Dorf, wo er vormals lehrte, stellt jede Volksgruppe etwa die Hälfte der Einwohner. Er hat die kyrillische Schrift der Serben mit der gleichen Intensität gelehrt wie die lateinische der Kroaten, und fast jeder beherrscht auch beiderlei Schriftzeichen. Immer hat er sich auch bemüht, die Gemeinsamkeiten zu unterstreichen und Trennendes fernzuhalten. Leute wie er haben dazu beigetragen, daß man in der Dorfgemeinschaft friedlich miteinander lebt, friedlicher als in manch einem anderen Ort.

Der ausgeprägte Nationalstolz der Serben speist sich vor allem aus der Erinnerung an das mittelalterliche großserbische Königreich, das sich Mitte des 14. Jahrhunderts von der Donau bis weit nach Griechenland erstreckte. Das Großreich zerfiel nach der Niederlage gegen die Türken im Jahre 1389. Im 19. Jahrhundert befreite sich Serbien von der türkischen Herrschaft. 1878 erkannte der Berliner Kongreß Serbiens Unabhängigkeit an.

In dem 1918 gebildeten Königreich der Serben, Kroaten und Slowenen dominierten die ersten. Seither prägten Gegensätze zwischen Serben und Kroaten die Politik des Landes, das seit 1929 Jugoslawien hieß. Als Tito 1945 den Zusammenschluß der Südslawen zum kommunistischen Staat unter Beibehaltung des gleichen Namens herbeiführte, fühlten sich die Serben immer noch als das eigentliche Staatsvolk gegenüber den Kroaten, Slowenen, Montenegrinern, Mazedoniern und denen aus Bosnien-Herzegowina.

Und Kroatien? Keinem ist die Geschichte so geläufig wie Stjepan, dem Lehrer. Sein Heimatland besteht aus den drei historischen Regionen Kroatien, Dalmatien und Slawonien. Im 12. Jahrhundert war es letztmals ein eigenständiger Staat, danach bis 1918 Teil des Königreiches Ungarn. Dalmatien, das südliche Küstenland, gehörte vom 15. bis ins 18. Jahrhundert zur Republik Venedig, später kam es zu Österreich. Slawonien, im Osten, war im 16. und 17. Jahrhundert Teil des Osmanischen Reiches, später kam es ebenfalls zu Ungarn und damit zum Habsburgerreich, bis es 1918 Teil des schon erwähnten Königreichs der Serben, Kroaten und Slowenen wurde.

Serben wohnen auf kroatischem Gebiet hauptsächlich in der und um die Stadt Knin sowie in der Gegend von Vukovar und Osijek in Slawonien – also auch hier. Die Habsburger siedelten dort vor den Türken geflohene „Wehrbauern" an der damaligen Grenze zum Osmanischen Reich an. Nach dem zweiten Weltkrieg schickte Tito Serben aus rückständigen Gebieten Jugoslawiens in diese Gegenden. Sie lebten sich nur schwer ein.

Ein Grund für die tiefsitzende Feindschaft zwischen beiden Volksgruppen war die Tatsache, daß Serben und Kroaten im 2. Weltkrieg auf verschiedenen Seiten gekämpft hatten. Die Serben waren durch das kroatische Ustascha-Regime – während des Krieges auf Seiten Hitler-Deutschlands – verfolgt worden. Später gab es Racheakte durch königstreue serbische Nationalisten, die Tschetniks.

Die Nationalzugehörigkeit hatte sich den Menschen zutiefst als Abgrenzung eingeprägt. Während

Titos starke Hand alles zusammenhielt, waren die Gegensätze nicht so offen zutagegetreten. Als der Präsident aber 1980 starb, kam es bald wieder zu Zwischenfällen. Vieh wurde gestohlen oder auch vergiftet, ein angesägtes Wagenrad führte zum Unfall. Die Täter? Man fand sie nicht. Verdacht und Beschuldigungen schürten den Haß.

Die zwei Kirchen bilden dabei Fronten, die nicht zu verrücken sind. Während die Serben und Montenegriner im 6. und 7. Jahrhundert Anhänger der griechisch-orthodoxen Kirche geworden waren, wurde den Kroaten und Slowenen bis zum 10. Jahrhundert das Christentum von der römisch-katholischen Kirche nahegebracht.

Die verschiedenartige Prägung wurde plötzlich bedeutungslos, als auch Slawonien den Türken unterlag. Da besann man sich auf den gemeinsamen christlichen Glauben gegenüber der Macht des Islam. Sobald diese Konfrontation jedoch vorüber war, nannte man die Unterschiede wieder unüberbrückbar ...

Stjepan hat sich mit der Geschichte der Kirchenspaltung befaßt, aber die meisten seiner Landsleute können die Besonderheiten beider Seiten *nicht* benennen, der Lehrer ist sich da ganz sicher. Woran Jugoslawien jetzt zu zerbrechen droht, sind Zwietracht, Gegensätze, Uneinigkeit.

Stjepan will die leidige Politik in Übereinkunft mit den geladenen Freunden heute ausklammern. Der Festtag muß sich vom Alltag unterscheiden, sonst ist es keiner. Trotzdem schweifen die Gedanken immer wieder dahin ab. Wie wird sich alles noch entwickeln?

Vor vier Wochen, am 25. Januar, trafen sich die Führer Serbiens und Kroatiens – Milosevic und Tudjman – in Belgrad, um über eine Neuordnung des Bundesstaates zu beraten. Die serbische Führung und vor allem die der Armee tragen ganz offen Interventionsgelüste zur Schau.

Slowenien steckt in einer ähnlichen, aber nicht in der gleichen Lage. Es ist nicht durchsetzt mit einer serbischen Minderheit, deren Existenz den Drang der Herrschenden rechtfertigen soll, sich Kroatiens zu bemächtigen. Illegale Gruppen gewalttätiger bewaffneter Serben durchstreifen das Land, rauben und schießen um sich. Einige kroatische Polizisten sind ihnen schon zum Opfer gefallen. Präsident Franjo Tudjman warnt, die Geduld Kroatiens könne nicht ewig dauern, es habe ein Recht auf Integrität seiner Grenzen, werde seine Staatlichkeit verteidigen.

„Was sinnst du?" Die Silberbraut streicht ihrem Mann unauffällig über die Hand.

„Du hast recht, ich sollte unsere Gäste endlich mit einem Trunk begrüßen", sagt Stjepan und erwidert die zärtliche Berührung. Er schaut in die Runde. Einer fehlt immer noch ...

Er zögert noch einen Augenblick, doch dann winkt er dem Wirt, einzuschenken, und erhebt das Glas. Er dankt allen, die gekommen sind: außer der Familie noch ein paar Freunde und Nachbarn – Dimitrij Sokol, Jovan Petrovic und Ladislav Belosevic mit ihren Frauen. Auch Pavel und Marija Durdevic, das Lehrerehepaar, das Stjepans Stelle an der hiesigen Schule eingenommen hat, als er nach Vukovar überwechselte. Pavel hat launige Verse für das Silberpaar verfaßt, die großen Beifall finden. Auch Großvater Mihajlo hat sich ein paar nette Worte für seine Kinder zurechtgelegt, obwohl das Reden einem Bauern nicht sonderlich liegt, wie er meint. Und Jovanas Zwillingsbruder Slobodan bringt einen Toast aus. Er schließt: „Kommt, laßt uns feiern! Fünfundzwanzig Jahre gemeinsam und noch die alte Liebe ist Grund genug, um darauf anzustoßen."

„Kann das Essen aufgetragen werden?" Der Wirt beugt sich zu dem Jubelpaar herunter.

„Slavko ist immer noch nicht da", entgegnet Jovana.

Aber Slobodan, der es hört, rät mit gedämpfter Stimme: „Wir sollten nicht länger auf ihn warten."

„Meinst du nicht, daß er bald kommt?"

„Ich war, ehe ich herkam, auf seinem Hof. Der alte Nicolaj fütterte das Vieh. Er sagte, Slavko sei schon seit gestern unterwegs. Trotzdem habe ich bis jetzt gehofft..."

„Es wird ihm doch nichts zugestoßen sein?"

Slobodan beruhigt seine Schwester, aber er fürchtet, sie könne sein Herzklopfen hören. Er will ihr das Fest nicht verderben.

Doch Jovana kennt Slavko, und deshalb ist sie nicht argwöhnisch. Sicherlich wird er noch hereinplatzen – mit überschwenglichen Ausreden.

Nach dem traditionell zubereiteten Mahl bringt die Wirtin Kuchen deutscher Art als Nachtisch. Das Prunkstück ist eine Festtagstorte mit einer großen „25" in der Mitte. Frau Kocian weiß, daß selbst die konservativsten Leute aus Selo ihre Spezialitäten nicht verschmähen. Deutsche Speisen kennt man hier erst, seit sie und ihr Mann den Gasthof übernommen haben. Zika und Zvonimir Kocian haben einige Jahre lang am Rhein und in Bayern in guten Restaurants gearbeitet, sich Kenntnisse erworben und auch das Geld für dieses Anwesen erspart.

„Zufrieden, Silberbräutigam?“ fragt sie Stjepan.

„Und ob! Wir wußten schon, warum wir hier und nicht in Vukovar feiern wollten!“

„Danke für das Lob. Weißt du übrigens, daß dein Vater Mihajlo mich mit bestem Gemüse beliefert? Kein Wunder, wenn man einen Agrarstudenten zum Enkel hat! Deine Schwager profitieren übrigens auch davon. Euer Milan berät sie, was den besten Ertrag bringt. Slobodan hat sich unter anderem auf Gurken spezialisiert, und Slavko – aber wo steckt er eigentlich?“

„Wo ist Slavko?“ fragt auch Jovan Petrovic.

„Du weißt, er ist nicht der Pünktlichste“, winkt Dimitrij ab.

„Aber zur Feier ...!“ beginnt seine Frau, bricht jedoch ab, als sie Jovanas angespannte Züge sieht. Immer und immer wieder schaut sie zur Tür, wenn sich nur die Klinke bewegt. Doch Slavko kommt nicht.

Slobodan setzt sich neben seine Schwester, als Stjepan aufsteht. Jovana wünscht sich jetzt nur eins: nicht das Thema Slavko erörtern! Sie knüpft im Gespräch an des Bruders Toast an.

„Eine gute Ehe ist vor allem Grund zum Danken“, sagt sie, „denn Harmonie ist nicht allein eigenes

Verdienst. Ich wünschte mir, du hättest auch eine Familie, um ein beglückendes Miteinander zu erleben."

Slobodan lacht. „Von Zwillingen kann's vielleicht nur einer haben, Jovana. Und da sollst du es schon sein." Er legt den Arm um ihre Schultern.

„Unsinn, Brüderchen! Kann ja sein, du findest noch die Richtige. Wie alt sind wir jetzt? Fünfundvierzig – man will es kaum glauben, wenn man zurückblickt. Für einen Mann aber die vielbesungenen besten Jahre."

„Vielleicht habe ich immer Ausschau gehalten nach einer, die genauso ist wie du, und deshalb keine gefunden."

„Das hat Slavko bestimmt nicht getan, denke ich, und doch ist auch er ledig geblieben. Aber er ist ja erst vierzig."

„Wenn man euch beiden sieht, meint man, *ihr* seid das feiernde Paar", kommt Vilka herüber.

„Oh, ich hätte gern eine Tochter wie dich", erwidert Slobodan. „Aber ich bin schon zufrieden, daß ich eine so hübsche und liebenswerte Nichte habe. Deine rehbraunen, strahlenden Augen, das wellige Blondhaar – du bist deiner Mutter zum Verwechseln ähnlich. Ich kann das beurteilen, denn weißt du, als sie noch ledig war, bin ich oft mit ihr ausgegangen. Der Dorftanz gehörte hier für die Jugend zum Sonnabend. Jovana aber wollte sich, zum Ärger der Eltern, von keinem ihrer Verehrer heimbringen lassen. Es war eine ganze Anzahl, die sich um sie bewarben. Doch sie mochte deinen Vater von Kindheit an, und der war ja in der Stadt zum Studium. Wir nannten ihn schon als Jungen den ‚Lehrer', und das wurde er dann auch. Als er hier ins Schulhaus einzog, war sie schon seine Schulmeistersfrau...

Ach, so viele Erinnerungen kommen heute. Und jetzt bist auch du schon eine junge Frau. Mit deinem Marijan habe ich mich vorhin unterhalten, er hat mir richtig Lust gemacht, euch einmal in Dubrovnik zu besuchen. Das muß eine wundervolle Stadt sein, und eine Führung mit ihm als Historiker und dir, der fachkundigen Frau Restauratorin, wäre natürlich ein besonderes Vergnügen. Wenn man nur besser abkommen könnte in der Landwirtschaft! Das ist es, was einen am Reisen hindert."

„Aber du hast doch deinen Bruder hier, ihr könnt euch gegenseitig aushelfen. Es muß auch nicht gerade während der Ernte sein. Du wirst sehen, unser Dubrovnik, das alte Ragusa, ist auch im Winter und Frühjahr schön. – Wo bleibt Slavko eigentlich?"

„Ich kann's dir nicht sagen, Vilka. Er ist jetzt oft nicht zu Hause. Eine Nachricht hat er nicht hinterlassen. Wir wollen sehen!"

Stjepan hat sich zum Vater gesellt. Der Platz an seiner Seite ist meistens leer. Olga brauche oft frische Luft, sagt sie. Doch wenn sie da sitzt, dürfte es auch keine Freude für Mihajlo sein. Mit griesgrämigem Gesicht läßt sie den Tag über sich ergehen, das war nicht anders zu erwarten. Ist zu Hause ihr Mundwerk immer im Gange, demonstriert sie heute Schweigsamkeit, die aber nicht minder beredt ist. Vielleicht tut später der Wein das seine. Vor fünfundzwanzig

Jahren hatte er jedenfalls die Stimmung gelöst. Als hier im gleichen Gasthof aufgespielt wurde und Brautvater Ladislav die Olga als erste zum Tanz aufforderte, hatte sie zwar einen Augenblick gezögert, aber doch nicht nein gesagt. Mihajlo deutete damals an: „Überwunden?“ Darauf antwortete sie spitz: „Denken kann ich trotzdem, was ich will!“

Sie ist die fanatische Kroatin geblieben und hat Stjepan und Jovana ihre Abneigung immer spüren lassen. Selbst die Kinder scheuten Olgas Nähe und wurden nie warm mit ihr. Um so mehr lieben sie den Großvater.

Mihajlo genießt es, die Enkel um sich zu haben. Milan und Vilka, die beiden älteren, sieht er nicht allzu oft. Marco hingegen kommt immer einmal zu ihm herüber, von Vukovar ist es nicht weit. Um Vilka hat er sich Sorgen gemacht, als sie Marijan heiraten wollte – einen Serben. Für sie hätte sich dasselbe Problem stellen können wie seinerzeit für ihre Eltern. Doch Marijan brachte immerhin eine Halb-Serbin heim, und seine Eltern dort in Süddalmatien waren nicht fanatisch.

Marco sitzt bei Marijan. Er läßt sich von seiner Arbeit erzählen. Als Historiker ist er nebenher auch Fremdenführer in Dubrovnik, und die Leute können sich gewiß keinen sachkundigeren wünschen als ihn. Marco, der dreizehnjährige Nachzügler der Familie, interessiert sich sehr für Geschichte, denn das ist auch eins der Hauptfächer, die sein Vater lehrt. Aber wenn er sich für einen Beruf entscheiden soll, schwankt er noch zwischen der Historie und seiner Vorliebe für die Natur. So war es auch bei Milan, und der hat sich für die Landwirtschaft entschieden.

Als kleiner Junge stand für Marco fest: Er bleibt einmal in Selo beim Großvater. Heute sieht er, daß der Weg dennoch anders verläuft, selbst wenn auch er dieses Fach wählt. Milan jedenfalls wird einmal in der Forschung tätig sein.

Marijan ist dem jungen Schwager sehr zugetan. Er läßt sich von ihm über seine Berufspläne berichten.

Marco sieht viel reifer aus als dreizehn. Er ist ein kräftiger Bursche, schon jetzt so groß wie sein Vater. Seine Bewegungen wirken mitunter noch ein bißchen schlaksig. Aber die vor kurzem noch kindliche Stimme ist schon zum Tenor übergegangen. Dunkelblond ist sein welliges Haar, das er ziemlich kurz trägt. Marijan dagegen ist dunkel und schmal.

Die beiden haben sich viel zu erzählen. Mitten im Gespräch jedoch springt Marijan plötzlich auf und läuft zu Vilka. Sie sieht kreidebleich aus, und ihr ist offenbar übel. Jovana geht mit ihr hinaus. Sie muß sich übergeben.

„Das ist in letzter Zeit mehrmals vorgekommen“, sagt sie. Und als die Mutter lächelt, fügt sie ein wenig verärgert hinzu: „Meinst du, das ist ein Vergnügen?“

„Mitunter ja. Aber vielleicht ist dir auch einfach irgend etwas vom Essen nicht gut bekommen. Warte, ich bestelle dir einen Tee, ja?“

„Bist du krank?“ fragt Marijan besorgt.

„Es ist schon wieder gut“, winkt sie lächelnd ab.

Milan brennt ein Thema auf den Lippen, und doch will er heute nicht davon anfangen. Er hat seine

Einberufung erhalten, mitten im Studium. Zwar bekam er die Genehmigung, vorher noch einige Prüfungen abzulegen, aber zum Abschluß fehlt noch ein ganzes Semester. Und so geht es nicht ihm allein. Die Stimmung an der Uni ist gespannt. Wenn er doch darüber reden könnte! Aber er denkt wie Slobodan: Nur den Tag nicht verderben!

Dabei belastet es ihn bis zum körperlichen Schmerz, daß er dieser Armee angehören soll, die keine Volksarmee ist, wie sie sich nennt, sondern eindeutig Machtgier vertritt.

Er erinnert sich deutlich an Ereignisse im August vorigen Jahres. In Knin, im nördlichen Hinterland Dalmatiens, besuchte er einen Schulfreund. Bewaffnete serbische Zivilisten hatten in diesem Gebiet Straßensperren errichtet und ließen nur willkürlich Leute durch. Sogar die dalmatinische Küstenstraße war zeitweise gesperrt, unter Touristen brach Panik aus.

Wie man später erfuhr, kamen einige Autobusse mit Agitatoren aus Serbien und dem serbischen Teil Bosniens, um Unruhe zu stiften. Freischärler fuchtelten mit Gewehren und Pistolen herum, die sie bei Einbrüchen in Polizeidepots entwendet hatten. Vielleicht waren die Diebstähle nur vorgetäuscht, denn über die Hälfte aller Polizisten in Kroatien sind serbisch.

Jedenfalls ein bewaffneter Aufstand. Der Ausnahmezustand wurde ausgerufen. Die kroatischen Behörden griffen glücklicherweise nicht ein. Wie Offiziere der Armee schließlich zugaben, stand diese bereit, um beim ersten Toten oder Verletzten, den es gab, zuzuschlagen. Man wartete nur auf den Vorwand zur Intervention.

Wie, wenn er, Milan, in solch einem Fall den eigenen Leuten gegenüberstünde? Kann er sich widersetzen? Was riskiert er damit? Noch lautet das Gesetz, daß jeder Bürger Jugoslawiens dem Einberufungsbefehl zu folgen hat.

Wäre von der kroatischen Regierung Hilfe zu erwarten? Seit Dezember besitzt Kroatien eine eigene Verfassung, in der die Republik als „einheitlicher, unteilbarer, demokratischer und sozialer Staat mit voller Souveränität" bezeichnet wird. Zugleich werden darin auch die Rechte der Minderheiten anerkannt. Die Serben sollen dort, wo immer sie eine ins Gewicht fallende Zahl darstellen, sowohl kulturelle Autonomie als auch volle Vereins- und Versammlungsfreiheit genießen.

Milan und viele mit ihm hatten nach Knin eine Beruhigung der Lage erhofft. In Zagreb glaubte man sogar, daß der mißglückte Versuch eines Aufstandes für ganz Jugoslawien einen Wendepunkt darstellen könne. Doch die Situation hat sich nicht entspannt, bis heute nicht.

Milan hat die Ereignisse aus seiner Angst vor dem persönlichen Hineingezogenwerden bis ins kleinste verfolgt. Zwar hat Mesic geäußert, die Stellung Kroatiens sei durch den Ausgang der Ereignisse gestärkt worden; die Armee habe wohl, und „hoffentlich endgültig", einsehen müssen, daß sie gar nicht in der Lage sei, in innenpolitischen Auseinandersetzungen zu intervenieren, denn sie selber könne dabei auseinanderbrechen. Zwar seien etwa 80 Prozent der Offiziere Serben, aber auch 20 bis 30 Prozent der Soldaten Albaner. Die nichtserbischen Republiken würden gewiß nicht zögern, im „Interventionsfall“ sofort ihre Soldaten und Offiziere aus den Reihen der Armee abzuberufen.

Das alles mag tröstlich klingen, doch wer weiß denn, wie es in Wirklichkeit weitergeht?

Morgen wird er mit den Eltern und Großvater darüber reden. Heute hält er sich fast ängstlich zurück, ist einsilbig und kein bißchen fröhlich wie sonst, nur um sich ja nicht zu verplappern.

Dabei fällt gerade sein verändertes Wesen auf. Jovan Petrovic fragt ihn: „Bist du krank, Junge? Oder hast du Liebeskummer?“

Milan reißt sich zusammen. „Sehe ich so aus?“ fragt er lächelnd zurück und ist froh, daß Jovan seine Meinung hören will zu ein paar Vorhaben in seiner Landwirtschaft.

Aber dann ist es Marco, der ihn dazu bringt, sich ihm zu öffnen. Staunend muß er erkennen: Der „Kleine“ ist gar nicht mehr das Kind, für das er Marco bisher noch hielt.

„Milan“, fragt er, „sollen wir uns die Unabhängigkeit wirklich wünschen? Natürlich bin ich dafür, loszukommen vom Gängelband der Serben. Aber sind wir wirtschaftlich nicht in das Ganze eingebunden? Werden wir uns selbständig behaupten können?“

Ist das ein Dreizehnjähriger? Milan kommt ein bißchen Stolz an, daß sein Bruder sich mit Dingen befaßt, die manche Erwachsenen noch gar nicht erwägen. Froh ist er auch, daß Marco sich ebenso vorbehaltlos als Kroate sieht wie er. Mutter Jovana hat niemals ihre serbische Abstammung ins Spiel gebracht. Und wenn Onkel Slavko darauf pocht – Fanatiker gibt es auf beiden Seiten, man braucht nur an Großvaters Frau, die Olga, zu denken.

„Weißt du, Marco, mich treiben diese und ähnliche Fragen auch um. Ich will versuchen, dir zu antworten, so gut ich's von meinem Studium her weiß. – Unser Kroatien ist die zweitgrößte der sechs Republiken, das weißt du ja. Unsere Wirtschaft ist gut entwikkelt, wenn auch längst nicht so gut wie in Slowenien. Wir erbringen ein Viertel des Bruttosozialproduktes, und unser Anteil liegt damit höher als der von Serbien. Wir würden aber sicherlich massive Hilfe aus dem Ausland nötig haben.

Leider wird unser Konflikt vor allem im angelsächsischen Raum gern als Fortsetzung der Auseinandersetzungen während der Kriegszeit dargestellt. Unsere neue Regierung wird sozusagen als Rechtsnachfolgerin der radikalen Ustascha angesehen. Das hieße, die Serben hätten Grund, sich vor uns zu fürchten. Aber ich bin überzeugt, sie werden die Wahrheit erkennen. Und wir werden unseren guten Weg gehen. Wir müssen es einfach schaffen! Sobald die Lage sich klärt, kommen ja auch wieder Touristen ins Land. Wenn nur dieser schlimme Zwist erst beigelegt wäre!"

Marcos Wangen glühen. „Glaubst du, daß unsere kroatischen Streitkräfte notfalls in der Lage wären, sich der Armee zu widersetzen? Ich habe aufgeschnappt, wie Vater einmal mit Ivan Gradic, einem von der Nationalgarde, diskutierte. Der meinte, wir seien mangels Waffen nicht in der Lage, eine Mobilmachung einzuleiten, weil die serbischen Freischärler von der Bundesarmee ausgerüstet und massiv unterstützt werden. Darüber muß ich immer wieder nachdenken. Und du?"

„Mir macht noch Schlimmeres Angst, Marco. Wir aus dem vorletzten Semester werden jetzt zur Armee einberufen..."

Ein bißchen verträumt schmiegt sich Vilka an Marijan. „Du weißt sicher, was Mutter meinte mit dem Erfreulichen, das die Übelkeit bedeuten könnte?"

„Es wäre wundervoll, Vilka..."

„Noch wissen wir es nicht. Aber wenn, Schatz – ich müßte gestehen, daß ich in der heutigen Situation mehr Angst als Freude empfände."

„Dabei beweist gerade du immer wieder soviel Gottvertrauen, daß du mich beschämst."

„Wir werden es in nächster Zeit mehr denn je brauchen, Liebster. Ich fühle einfach, es kommt viel auf uns zu. Viel, dem ich mein Kind nicht gern ausgesetzt sehen würde..."

„Du hast einmal gesagt: Es ist verschwendete Kraft, sich heute den Sorgen von morgen hinzugeben."

„Stimmt. Komm, laß uns ein Glas Dalmatiner Roten leeren, selbst wenn er mir heute nicht so gut bekommen sollte."

Als man kaum noch mit Slavko gerechnet hat, spaziert er plötzlich herein, zusammen mit vier anderen Männern. Sie sind wie für einen Streifzug durchs Gelände gekleidet, Lehm klebt an ihren Stiefeln.

Olga Pavlovic kräuselt die Lippen und läßt sich dann zu ihrem ersten vernehmlichen Satz hinreißen:

„Ich glaubte, wenigstens das bliebe mir erspart!"

Mihajlo ignoriert es einfach, und Slavko scheint es tatsächlich nicht gehört zu haben, sonst hätte er die Bemerkung gewiß nicht unerwidert gelassen.

„Nun, Schwesterherz, da bin ich", eilt er zu Jovana. „Ich bitte tausendmal um Verzeihung für meine Verspätung. Meine Kumpel werden dir bestätigen, daß es wirklich triftige Gründe waren, die mich abhielten, eher zurückzukommen. Ich kann jetzt nicht näher darüber reden. Hoffentlich habt ihr trotzdem ungetrübt gefeiert..."

Er gibt ihr die Hand, und die Runde begrüßt er, indem er hart auf den Tisch klopft. Die vier tun es ihm nach, einer von ihnen murmelt etwas wie „Gratulation zum Geburtstag". Slavko hat ihnen offensichtlich nicht erzählt, zu welchem Anlaß er eingeladen ist. Das auffallende plötzliche Schweigen der Anwesenden, die spürbare Spannung macht die Fremden wohl ein wenig verlegen.

Stjepan versucht die Situation zu entkrampfen. „Setzt euch und trinkt mit uns auf unsere Silberne", sagt er, und zu Slavko gewandt: „Stärk dich auch erst, ehe du dich umziehen gehst. Wir warten eine Stunde mit dem Abendessen, dann bist du gewiß wieder da."

Slobodan sieht erschrocken, wie sich Slavkos Züge verzerren. Er wußte längst um dessen Haß gegen den Schwager, obwohl er ihn bisher nicht öffentlich laut werden ließ. Jetzt steht er aber unverkennbar in sein Gesicht geschrieben. Er öffnet den Mund, holt Luft –

„Slavko!" Der beschwörende Ton des älteren Bruders läßt ihn eine Äußerung tatsächlich unterdrücken. Er setzt sich mit den Vieren an einen Nebentisch. Dimitrij und Ladislav, die scharf beobachtet haben, tauschen einen Blick und gesellen sich zu ihnen.

Ebenso wie Slobodan ahnen die beiden, wo Slavko wieder war. Sie beobachten seit langem, daß eine Gruppe fanatischer Serben aus der Umgebung dunkle Wege geht. Überall im Land gibt es Unruheherde.

Slobodan hat bis heute seiner Schwester und dem Schwager absichtlich nicht gesagt, daß Slavko aktiv daran beteiligt ist. Er vernachlässigt dafür sein Anwesen. Jedes Maß für andere Dinge scheint er verloren zu haben. Seine alten Klamotten, in denen er hier erschien, drücken fast beleidigend Nichtachtung aus. Ob er sich endlich dessen bewußt wird und geht? Er schaut schon zum zweiten Mal auf seine Uhr, die müßte ihn doch mahnen!

Slobodan tippt ihn am Arm: „Nun geh schon und zieh dich um! Sollen wir nochmal auf dich warten?"

„Laß mich!" schüttelt Slavko ihn ab.

Einer seiner Begleiter steht auf. „Kommt, wir sollten nun gehen", wendet er sich an die anderen drei.

Da ertönt draußen die Feuersirene. Im gleichen Moment stürzt Petar Guvan, der Schmied von nebenan, zur Tür herein: „Mihajlo, schnell! Dein Haus brennt!"

Ein typisches altes kroatisches Holzhaus ist's. Es sieht so heimelig aus. In der Mitte der Breitseite, über der Haustür, schützt ein balkonartiger Vorbau die Tür im Obergeschoß, zu der von rechts und links eine überdachte hölzerne Treppe hinaufführt, nicht steil, sondern ausladend von den Enden der Hausfront her. Zwei Mansardengiebel krönen den zweifenstrigen Wetterschutz. Sie sind wie das Dach mit Holzschindeln gedeckt. Um das Gehöft zieht sich ein Lattenzaun.

Ähnlich sehen die meisten Häuser entlang der Dorfstraße aus. Die aus neuerer Zeit stehen am Ortsrand.

Zugleich mit den Feuerwehrmännern kommen deren aufgeregte Frauen und Kinder.

„Aus dem Weg, macht Platz!" Hasten und Rennen, Befehle an der Leiter ...

Rauch dringt aus dem Schlafzimmerfenster, rechts im Obergeschoß, und darüber schlagen Flammen aus dem Dach.

Der Löschwasserschlauch wird gerade zum nahen Dorfteich gezogen, als die Silberhochzeitsgesellschaft herbeieilt. Stjepan, seine Söhne und Marijan kommen im Laufschritt, sie sind die ersten. „Laß uns versuchen, von innen heranzugelangen!" ruft Stjepan dem Hauptmann zu und springt schon die linke Treppe hinauf. Er selbst gehörte auch zur Mannschaft, solange er in Selo wohnte, nur daß er noch nie ohne Schutzkleidung, ja im Sonntagsstaat dabei war. Sie arbeiten hart, ein eingespieltes Team – Serben und Kroaten, beide gehören ohne Unterschied dazu. Hier sind sie Feuerwehr, nichts anderes. Wird es so bleiben?

Es gelingt rasch, den Brand unter Kontrolle zu bringen. Ein Wunder fast bei einem Holzbau wie diesem.

„Hätte Petar das Feuer später entdeckt, wäre wahrscheinlich nichts übriggeblieben ..."

„Du hast recht. – Wie konnte es nur dazu kommen!"

„Laß uns nach der Ursache forschen. Vielleicht war der Ofen defekt?" Doch im Schlafzimmer steht gar keiner.

Dann findet sich auf dem Boden ein Brandsatz, offensichtlich von außen durchs Dach hereingeworfen ... Sie einigen sich, darüber noch nicht öffentlich zu sprechen.

Olga steht – auch ohne daß sie von diesem Fund etwas weiß – mit geballter Faust zwischen den Leuten und verflucht die Brandstifter. „Muß man noch sagen, wer sie sind? Wir bleiben gewiß nicht die einzigen, die sie terrorisieren. Doch wir Kroaten werden uns zu wehren wissen!" faucht die kleine grauhaarige Frau. Als sie sich umsieht, erfährt sie weder Zustimmung noch Widerspruch.

Die Betonung der zwei Lager, die immer schärfer wird, bedrückt fast alle. Wenige sind eingestellt wie Olga. Wie kann man den Nachbar verteufeln, mit dem man seit Jahrzehnten Hof an Hof lebt und der einem persönlich soviel Gutes tat?

Einer nach dem anderen geht vom Platz, nachdem das Feuer ohnehin gelöscht ist. Aber jeder nimmt bange Fragen für die Zukunft mit heim.

Jovana sieht Stjepan die Treppe herunterkommen, und bei aller Aufregung muß sie lachen. Rußverschmiert ist sein Gesicht, die silbergraue Fliege sitzt wie ein Scherzrequisit auf dem schmutzigen Hemdkragen. Und der Anzug ...

Er schaut an sich hinunter, nickt Jovana zu. Ein paar seiner Kameraden von einst klopfen ihm auf die

Schulter. Auch lächelnd, trotz alles Bedrückenden.

Die Freunde und Slobodan, Milan und Marijan – jeder legte Hand an, so gut er konnte. Sie alle sehen deshalb arg mitgenommen aus. Aber das läßt sich beheben. Nur weiß keiner von ihnen, wie es jetzt wohl weitergehen soll.

Jovana spricht es aus. „Und nun?" wendet sie sich an Stjepan. Aber der Schwiegervater antwortet.

„Am besten Schluß, das ist kein Festtag mehr", sagt er bitter. Da kommt Marco angelaufen: „Mutter, die Wirtin hat das Abendessen aufgetragen."

Petar Guvan mischt sich ein. „Ich bleibe hier mit zwei, drei Leuten als Brandwache. Geht ohne Sorge, alle. Und wenn es kein Feiern mehr ist – Trübsal blasen hilft auch nicht."

Stjepan gibt ihm die Hand. „Abgemacht. Danke, Petar."

So ist die Runde schließlich wieder im Gasthof vereint, aber alles ist anders als vorher. Nicht nur, daß Slavko jetzt auch im besten Anzug neben Slobodan sitzt. Der Alltag, der heute verdrängt bleiben sollte, ist mit Macht eingebrochen.

Wie es im einzelnen auch zugegangen sein mag – ohne Zweifel ist die politische Lage für den Brand verantwortlich. Die Petrovic' und die Wirtsleute fühlen sich plötzlich unwohl, weil sie Serben sind, obwohl sie wissen, daß gerade Stjepan und Jovana niemals an ihrer Lauterkeit und Freundschaft zweifeln werden.

Die Sokols, Ladislav Belosevic und das Lehrerpaar sind aber Kroaten. Müssen sie sich jetzt nicht fragen: Wann sind wir dran? Heute abend werden auch ihre Häuser bewacht, das hat Petar Guvan zugesagt. Aber morgen? Man wird auf kroatischer Seite eine eigene Streife einrichten müssen. Denn ist auf Boris Karadjevic, den Dorfpolizisten, Verlaß? Er ist Serbe, wie viele der Ordnungshüter. Das würde sie nicht beunruhigen, hätte er sich am Brandort sehen lassen...

Übrigens – waren denn Slavko und seine Begleiter auch nur einen Augenblick dort, um zu erfahren, was geschah?

Jovana fällt des Bruders merkwürdiges, unterdrücktes Lächeln auf, als die Rede auf die Fahndung nach den Tätern kommt. Ein unheimlicher Verdacht steigt in ihr auf. Aber er hat schließlich ein unantastbares Alibi.

Es wird getrunken – und je mehr, desto ungehemmter wird die Rede.

„Höchste Zeit, daß wir es den Slowenen nachtun. Sie lassen sich nicht mehr von Belgrad bestimmen, ihre Unabhängigkeit ist nur noch eine Frage der Zeit“, eifert Dimitrij Sokol unbedacht. Seine Frau mahnt ihn flüsternd, an die Brüder Matic zu denken. „Wir reden von Fakten, das kann keinen aufregen“, gibt er ebenso leise zurück.

Ladislav stimmt Dimitrijs Rede zu. „Es wird niemand überraschen, wenn unsere Eigenständigkeit wahr wird. Von Titos Slogan „Brüderlichkeit und Einigkeit“ ist schon längst keine Rede mehr. Die Tage des Jugoslawien, in dem wir bisher lebten, sind gezählt.“

„Eine Föderation muß ja unweigerlich kaputtgehen, wenn nur die einen sich als Herrscher aufspielen“, setzt Ladislav ziemlich lautstark hinzu.

„Und wer sollen *die* sein? Sprich es doch aus, genier dich nicht!“ fährt Slavko auf.

„Wenn du es durchaus hören willst, was jedes Kind weiß . . .“

„Nicht doch, Ladislav! Wir wollen die Unstimmigkeiten doch nicht heute und hier austragen“, bremst Pavlo.

„Nein, wir wollen nur feststellen, daß Serbien die führende Rolle zukommt, die es immer hatte!“ Slavko schlägt auf den Tisch, wie man einen Trumpf ausspielt.

Das ist zuviel für Olga. „Gesindel – und führend!“ springt sie auf. „Wir haben euch ja in Knin gezeigt, daß wir euch Paroli bieten können. Da habt ihr den Schwanz einziehen müssen. Wir lassen uns nicht in die Knie zwingen!“

Slavko antwortet mit Hohnlachen: „Damit ihr es heute schon wißt: Künftig wird es ein Großserbien sein, in dem ihr wohnt. Keine Rede mehr von Kroatien, geschweige denn von einem selbständigen!“

„Bitte, Slavko, mäßige dich!“ versucht Slobodan, den Bruder zu beschwichtigen, aber das bringt ihn erst recht in Fahrt.

„Wie, *du* wagst es, dich auf die Seite derer zu stellen, die unsere angestammten Rechte in Frage stellen? Schande über dich!“ Slavko nimmt eine geradezu drohende Haltung ein.

„Na, na, ihr werdet doch heute nicht streiten!“ versucht Stjepan im beruhigenden Ton zu schlichten.

Da braust Slavko erst recht auf: „Was hast *du* mir zu sagen . . .!“

Ehe er weitersprechen kann, steht Jovana an seiner

Seite: „Du hast mich vorhin gefragt, Bruder, ob ich einen Wunsch habe. Kennst du ihn jetzt?“

Er holt tief Luft und sieht sie an. „Schlimm, daß ich dich immer noch nicht abgeschrieben habe. Ich wünschte, ich könnte es endlich.“ Grußlos verläßt er den Raum.

2

Samstag, 24. August 1991

„War es ein Fehler, dieses Jahr gerade hierher zu fahren?“ Das haben sich Manfred und Erika Lenz aus Berlin nicht nur einmal gefragt, seit sie in Cavtat ihren Urlaub verleben – hier in Süddalmatien an der kristallklaren Zupa-Bucht, wo sich in üppigem Grün ein Badeort an den anderen reiht.

Den Anstoß zu diesem Urlaub an der östlichen Adriaküste bekamen sie in ihrer Kirchengemeinde. Der Kantor ist mit Ludi, einer Kroatin, verheiratet. Sie stammt aus Cavtat und erzählt oft sehnsüchtig von ihrer schönen Heimat, von der Natur, aber auch von der Architektur und Kunst. Ludi ist nämlich Restauratorin. Je länger sie Manfred und Erika von all den Schätzen erzählte, desto mehr reizte es die beiden, dieses Land persönlich kennenzulernen.

Als sie die Reise buchten, erschien die Entwicklung in Jugoslawien durchaus noch nicht bedrohlich. Doch nun taucht immer wieder die Frage auf: War es Leichtsinn, an ihrem Vorhaben festzuhalten?

Meistens kommen sie zu dem Schluß: Nein, es war nicht falsch, eher eine sehr glückliche Entscheidung. Früher suchten sie auf ihren Reisen oft vergeblich nach einsamen Stränden. Diesmal teilen sie sogar ihr Hotel mit nur wenigen anderen Gästen – und das im August. Anfangs eine schockierende Erkenntnis: Die politischen Ereignisse brachten den Tourismus fast zum Erliegen. Nur wenige Leute sind also noch so unbedacht wie sie. Nun bekommen sie nicht einmal deutschsprachige Sender heran, um sich zu informieren, was geschieht. Aber Franjo, ihr Wirt, übersetzt ihnen täglich die neuesten Nachrichten – und sie sind hoffentlich ungeschönt. Er weiß ihre Bedenken aber immer wieder zu zerstreuen.

Obwohl die Unruhe bleibt, genießen sie die Tage an dem idyllischen Ort. Cavtat, das römische Epidaurum, war die Mutter des heute weltberühmten Dubrovnik. Als Epidaurum Anfang des 7. Jahrhunderts zerstört wurde, gründeten die Flüchtlinge nördlich von hier eine Ansiedlung auf einem ins Meer ragenden kahlen Felsvorsprung. Der Ort bekam den Namen Ragusium, Ragusa, und war durch einen seichten Kanal vom Festland getrennt. Dort entwickelte sich eine slawische Ansiedlung, die wahrscheinlich nach dem Eichenwäldchen dort Dubrava – Hain – genannt wurde. Die römischen Ureinwohner und die slawischen Einwanderer pflegten gute Beziehungen, und so wurde der trennende Kanal im 13. Jahrhundert zugeschüttet.

Dubrovnik ist einzigartig in Europa, ja von der UNESCO wird die „Perle an der Adria“ zum Weltkulturerbe gezählt. Manfred und Erika konnten es daher kaum erwarten, die Stadt zu sehen. Heute machen sie sich mit einem Leihwagen auf den Weg dorthin.

Die Küstenstraße führt in einiger Höhe an den Bergen entlang, die unmittelbar aus dem Meer aufsteigen. Als sie oberhalb ihres Zieles angekommen sind, bietet sich ihnen ein faszinierendes Bild. Da liegt sie, die unvergleichliche „Perle“.

O ja, sie können Ludi verstehen. Man darf schon ins Schwärmen geraten, wenn man die vom azurblauen Meer umspülte Halbinsel sieht. Es braucht nicht einmal viel Phantasie: Die Altstadt, Dach an Dach, gleicht einem ziegelroten Juwel, das in die im Fels verankerte Stadtmauer gefaßt ist. Zweitausend Meter mißt sie, und neben den beiden runden hat sie vierzehn viereckige Türme, dazu die beiden Eckfestungen und die große Zitadelle. Das Ganze ist ein perfektes Verteidigungssystem aus dem 16. Jahrhundert. Franjo hat ihnen gesagt, wer die Sprache dieser Festungsmauer verstehe, der verstehe auch die Stadt und ihr Fluidum.

Vor dem Westtor der romantische kleine Hafen in geschützter Bucht mit zahlreichen Booten auf glattem Wasser. Keins ist aber draußen auf der leichtbewegten See. Dafür kreuzen graue Kolosse vor der Küste. Kriegsschiffe?

Einige könnten sich auch noch hinter der Insel Locrum verbergen, die sich seitlich vor der Stadt als üppig grüner Berg aus den Fluten erhebt. Sie ist einer von Dalmatiens Nationalparks.

„Ich meine, wir sollten nicht dort hinüberfahren", überlegt Erika. Manfred stimmt zu, ohne die Bedenken auszusprechen, die ihnen beiden beim Anblick der Schiffe gekommen sind. Sie wirken einfach bedrohlich.

„Such die Adresse des Stadtführers heraus, den uns Franjo empfohlen hat, ja?"

„Marijan Travic... Vielleicht kann er uns helfen, Ludis ehemalige Studienkollegin zu finden, zu der sie die Verbindung verloren hat. Ich würde ihr gern diese Überraschung bereiten."

„Mach dir keine großen Hoffnungen, womöglich wohnt sie gar nicht mehr hier."

„Jedenfalls werden wir fragen. Restauratoren gibt es gewiß nicht scharenweise. Wetten?"

*

„Vilka, du weißt, daß mich deine innere Stärke immer fasziniert hat..."

Die junge Frau dreht sich ruckartig um. „Was soll das, Marijan?"

„Ich will dich nicht erschrecken. Denk an unser Kind..."

„So spann mich nicht auf die Folter, Liebster! Was ist?"

„Seit gestern wird Vukovar belagert. Ich komme in Gedanken von den Eltern und Marco nicht los. Wie wird sich alles entwickeln?"

„Du weißt, daß auch sie sich auf nichts anderes als auf Gott verlassen. Aber wie groß die Gefahr für sie ist, weiß ich wohl."

„Vielleicht gehen sie nach Selo?"

„Niemals. Ich bin sicher, Vater ist längst bei der Nationalgarde. Und Mutter? Gerade sie im Krankenhaus kann und wird ihren Platz nicht verlassen. Meine große Hoffnung ist, daß die Fanatiker endlich gestoppt werden. Wer von uns will denn diesen sinnlosen Krieg? Denk an die Mütter, die vor die Kasernen ziehen und ihre Söhne aus dieser Gefahr zurückfordern ..."

„... Und es sollen inzwischen dreiviertel aller Reservisten sein, die die Einberufung verweigern – gewiß nicht aus Feigheit. Wir haben ja schon darüber gesprochen, daß ich auch verschwinde, sobald man mich holen will. Je mehr ich nachdenke, desto fester ist mein Entschluß. Wenn ich auch Serbe bin, lasse ich mich nicht in diese Armee zwingen, um auf die eigenen Leute zu schießen – denn dazu gehören für mich auch die Kroaten. Durch den Konflikt ist die Armee ohnehin plötzlich ‚gemischt', und auf beiden Seiten stehen sowohl Freunde als auch ‚Feinde', wer kann es noch unterscheiden?

Ich grübele schon länger, was man Besseres tun könnte, als einfach nicht mitzumachen. Man müßte dem Krieg nicht nur passiv Widerstand entgegensetzen. Es gibt viele, die an eine Friedensbewegung denken. Einer müßte es nur in die Hand nehmen. Sender sollte man installieren, um die Menschen aufzurütteln, anstatt sie aufeinanderzuhetzen, wie es von Belgrad aus geschieht.

„Du solltest Milan hier haben. Ihr beide könntet viel vorantreiben. Aber wo mag er sein? Vielleicht gar vor Vukovar zur befohlenen Eroberung? Serbien will mit Macht seinen Willen durchsetzen."

„Sag nicht Serbien, die Serben. Wir doch nicht! Es sind die Führenden, die vorgestern in Belgrad eine Neufestlegung der innerjugoslawischen Grenzen forderten. Ich habe eine Zeitung mitgebracht. Hier steht es: Milosevic will die Territorien Kroatiens, wo auch Serben wohnen, seiner Republik einverleiben. Natürlich lehnt Tudjman das ab. Bisher hieß es lediglich, Kroatien könne doch die über eine halbe Million dort lebenden Serben nicht einfach mit in die Unabhängigkeit nehmen, die es am 25. Juni erklärt hat..."

„Zeig her, was schreiben sie noch? Die Europäische Gemeinschaft hat wieder an alle jugoslawischen Konfliktparteien appelliert, mögliche Verhandlungen nicht durch Gewalt zu blockieren. Der Erfolg – genauso wie bei all den zuvor schon proklamierten Waffenstillständen."

„Vielleicht können wir Mutter im Krankenhaus noch anrufen?" schlägt Marijan vor. Er möchte Vilka gern beruhigt sehen, eben weil sie schwanger ist. Aber das Telefon in Vukovar bleibt stumm. Und Vilka kann nicht verheimlichen, daß sie sich bei aller Zuversicht sorgt.

Es klingelt. Da steht das junge Berliner Ehepaar. Marijan empfängt sie mit gutem Deutsch, es ist eine von vier Sprachen, die er beherrscht und die er Vilka nebenher ein wenig lehrte.

„Ob ich Zeit für Sie habe? Ja, natürlich", sagt er, und denkt: Was könnte uns gerade heute Besseres geschehen, als auf andere Gedanken zu kommen! Irgendwie muß er versuchen, auch Vilka mit einzubeziehen.

Da fragen die beiden, ob er ihnen bei der Suche

nach Vilka Pavlovic helfen könne, die zusammen mit Ludmilla Borca studiert habe. Sie solle hier in Dubrovnik verheiratet sein ...

Ehe Marijan antworten kann, kommt Vilka aus der Küche und begrüßt freudig die Fremden. Sie hat das Gespräch mit angehört und fragt lächelnd: „Darf ich Sie für den Nachmittag zum Kaffee einladen?"

„Gehört das zu jeder Stadtführung?" staunt Erika Lenz.

„Nur für Gäste, die Ludi schickt", antwortet Vilka. Marijan fügt hinzu: „Ich werde Ihnen später sagen, warum es außerdem gerade heute für meine Frau und mich viel bedeutet, Sie bei uns zu haben ..."

Fragen gehen hin und her, man möchte sich am liebsten gleich hinsetzen und plauschen. Doch Marijan schaut auf die Uhr.

„Ich schlage vor: Zunächst zeige ich Ihnen unser Kleinod Dubrovnik."

Unterwegs hebt Marijan mit Stolz hervor, daß es der Stadt im Lauf der über tausendjährigen Geschichte in schwersten, verworrensten Verhältnissen gelang, ihre Freiheit zu wahren. Dubrovnik blieb faktisch immer unabhängig, obwohl es in seinen Anfängen die Souveränität von Byzanz anerkannte. Von 1205 bis 1358 übernahm Venedig die Schutzherrschaft über die Stadt und dann bis 1520 die kroatisch-ungarischen Könige. Als sich im Hintergrund die Türken bemerkbar machten, gelang es der Diplomatie von Dubrovnik, mit dieser neuen Macht ein Übereinkommen zu treffen: Die Stadt zahlte dem Sultan Steuern, doch dafür durfte sie sich kulturell und wirtschaftlich ungehindert eigenständig entwickeln.

Im Jahre 1667 wurde die Stadt von einem katastrophalen Erdbeben heimgesucht, der Stoß war gewaltig. Doch die Stadt wurde wieder aufgebaut und lebte bis zur Ankunft von Napoleons Heer, 1806, weiter als Republik, bis sie zwei Jahre später formell aufgehoben und an Dalmatien angeschlossen wurde.

Während Marijan erzählt, schlendert er mit den Gästen über den Markt, wo ein beruhigend normales Treiben herrscht. Die Leute verkaufen und kaufen Obst, Gemüse, Haushalts- und Textilwaren. Mit Anmut tragen die Frauen ihre schweren Körbe auf dem Kopf heim. Genau um zwölf Uhr, mit dem Glockenschlag, hört man ein Rauschen. Hunderte von Tauben kommen aus allen Richtungen zum Gundulic-Platz. Sie wissen, daß sie um diese Zeit dort seit eh und je auf Stadtkosten gefüttert werden. Ein kleines Schauspiel für die Besucher.

An der Südseite führt eine breite Treppe hoch hinauf zur Erlöserkirche, einem eindrucksvollen Renaissancebau. Blickt man von oben zurück, meint man eine Theaterkulisse vor Augen zu haben. Überhaupt – ist man hier im zwanzigsten Jahrhundert, oder hat man sich zurückgeträumt in eine unwirklich reizvolle Vergangenheit?

Die Placa – die Hauptstraße – führt vom Ost- zum Westtor und ist auf dem ehemaligen Kanal zwischen Insel und Festland angelegt. Wer beschreibt die Schönheit all der Gebäude zur Rechten und zur Linken! Wo die Placa in den Luza-Platz mündet, finden wir eine Rolandsäule aus dem Jahre 1418. Ebenso alt ist der sechseckige Onofrio-Brunnen, seit damals einer der Endpunkte der städtischen Wasserleitung. Dort der Stadtturm mit seiner bemerkenswerten Uhr, die auch die Mondphasen anzeigt …

Marijan kann die Führung mit vielen Details würzen, denn er und Vilka sind maßgeblich daran beteiligt, daß der Stadtkern für seinen beinahe untadeligen Zustand berühmt ist. Er widmet sich voll und ganz seinem Thema, obwohl es ihn unterschwellig ständig beschäftigt – die Eskalation der Kriegshandlungen, Marco, die Eltern, Vukovar. Was geschieht dort zur Stunde? Und was bedeuten die Kriegsschiffe vor Dubrovniks Küste? –

Vielleicht kann Ludi den Anstoß zu einer Antikriegsbewegung der Jugoslawen in Deutschland geben, zu der gewiß auch andere stoßen würden? Die Welt müßte zu hören bekommen: Das *Volk* will kein Blutvergießen!

Hat der Himmel ihnen Manfred und Erika als Vermittler geschickt, die etwas bewegen helfen? Er ist gespannt auf das Gespräch. Vilka wartet sicherlich auch schon …

„… Die Blasiuskirche muß ich Ihnen noch zeigen. Sie wurde nach dem Erdbeben anstelle eines uralten Gotteshauses im Barockstil erbaut. Schauen wir hinein: Der Heilige Blasius auf dem Hauptaltar hält ein vergoldetes Modell unserer Stadt in Händen."

Und dann entschlüpft ihm doch noch einer seiner Gedanken: „… Möge Gott die Stadt vor dem unsinnigen Krieg beschützen."

*

Selo.

Er ist wieder einmal zu Hause. Ein Glück, daß er den alten Nicolaj hat! Aber Slavko würde eher den Hof verkommen lassen, als seine führende Stellung unter den Freischärlern aufzugeben. Er hat sich Respekt verschafft, man hört auf ihn. Er wird dafür sorgen, daß sie es „denen" zeigen! Er!

Heute muß er zuerst zu Slobodan. „He, Bruderherz! Wir brauchen ein Schwein von dir. Wer kämpft wie wir, muß ordentlich was im Magen haben. Wie – bezahlen? Ja, bist du bei Trost? Zu Hause hocken und noch Geschäfte machen, während wir das Leben aufs Spiel setzen! Da müßte ich vielleicht anregen, daß man dich ..."

„Schweig! Du treibst dich herum, weiter nichts. Alle anderen aus dem Dorf, die zu den Tschetniks gegangen sind, kommen abwechselnd nach dem Rechten sehen. Du läßt dich wochenlang nicht blicken, und du bist ihnen nirgendwo begegnet! Ich habe sie immer wieder nach dir gefragt. Wo warst du jetzt wieder?"

„Wenn du es so genau wissen willst: Mein Standort ist augenblicklich die Gegend um Knin. Aber vielleicht hat sich bis hierher noch nicht herumgesprochen, welche Bedeutung diesem Zentrum des serbischen Kampfes zukommt."

„In Knin mischst du mit? Bei den Aufständischen also, die voriges Jahr die Schlappe erlitten? Da habt ihr wahrhaft kein Meisterstück geliefert."

„Zu jener Zeit war ich noch nicht dort, erst danach haben sie mich geholt. Von uns wird man noch hören."

„Von euch hat man gehört. Zu Ostern, als ihr euch in Plitvice mit kroatischer Miliz ein Feuergefecht geliefert habt und es Tote gab. Das Staatspräsidium trat deshalb am Ostersonntag zu einer Sondersitzung zusammen. Ich vermute wohl nicht falsch, daß ihr dabei auf eine Intervention der Armee aus wart, um Voraussetzungen für einen Putsch zu schaffen."

„Wie scharfsinnig! Aber ich kann es dir erklären: Die Knin-Serben haben, wie du wohl auch weißt, den Anschluß ihres Gebietes an die Republik Serbien erklärt – also monatelang, bevor Milosevic es vorgestern endlich in Belgrad forderte. Sie unterhalten eine eigene Verwaltung ihrer Region, aber die ist finanziell total pleite. Der Plitvicer Nationalpark mit seinen Wasserfällen besitzt aber noch immer Anziehungskraft. Die Einnahmen der Hotels kämen uns also zustatten. Leider lief die Sache nicht wie gewünscht."

„Aber die Tresore und Kassen der Hotels habt ihr ausgeräumt. Wie Banditen! Euer Hauptziel war natürlich, die Armee einzuschalten und die kroatische Eigenständigkeit ganz zu beseitigen. Das Gegenteil habt ihr erreicht: Die Regierung in Zagreb hat ihre Loslösung erklärt..."

„Ha, was nützt das, wenn sie international nicht anerkannt werden!"

„Man braucht kein Politiker zu sein, um zu sehen, daß unsere Finanz- und Wirtschaftsmisere die Dinge zur Entscheidung treibt."

„Weißt du, was die Staats- und Regierungschefs der Europäischen Gemeinschaft neulich verlauten ließen? Hör genau zu: Jugoslawiens ‚Einheit und territoriale Integrität' müsse gerettet werden, jede andere Entwicklung könne die Gefahr einer allgemeinen Diskussion über die Grenzen in Europa heraufbeschwören. Und was die Misere angeht – anderthalb Milliarden stellt die Europäische Investitionsbank unserer Zentralregierung in den nächsten fünf Jahren zur Verfügung. Europa ist auf unserer Seite!"

„Dann geht zur Regierung und laßt euch Verpflegung bewilligen", sagt Slobodan.

„Soll das heißen, du willst mir das Schwein nicht geben?"

„Verkaufen ja. Aber nur, wenn du sofort bezahlst."

„Das bereust du noch! Du stehst ohnehin auf der schwarzen Liste, weil du mit dem Feind paktierst. Warum? Nun, was geht dich die kalbende Kuh auf dem Hofe des Bogdan Jovic an, der in der illegalen Kroatenarmee dient?"

„Es ist derselbe Bogdan Jovic, der dir Geld geliehen hat, als dir die Hypothek gekündigt wurde."

„Das ist lange her und zurückbezahlt. Jetzt ist er mein Gegner, und deiner auch, merk dir das!"

*

Sie treffen sich heute, wie schon öfter in letzter Zeit, beim Pfarrer: Petar Guvan, der Schmied, der Lehrer Pavlo Durdevic, Mihajlo Pavlovic, Dimitrij Sokol, Ladislav Belosevic und die anderen kroatischen Männer von Selo, die nicht bei der Nationalgarde sind. Offiziell: Männerbibelstunde. In dieser Form besteht sie jedoch erst seit kurzem. Man beredet auch Notwendiges, Dinge, die einfach besprochen werden müssen: Was kommt auf uns zu? Wie sollen wir uns verhalten?

Unlängst wurden Gerüchte laut, daß die serbischen Freischärler ganze gemischtbevölkerte Dörfer besetzten und die Kroaten dann wie Geiseln hielten. Niemand wußte Genaues. Doch jetzt ist es aus einer der betroffenen Ortschaften bestätigt worden. Ein junger Mann konnte entkommen, er erzählte schlimme Dinge.

Nun ist Vukovar belagert. Wenn sich das Kampfgebiet ausweitet, könnte auch Selo dran sein. Wie kann man sich wehren?

Ivan Movrin spricht heute über die Macht des Gebets. Jakobus 5, Vers 16 legt er zu Grunde: „Bekennt einander eure Sünden und betet füreinander, daß ihr gesund werdet. Des Gerechten Gebet vermag viel, wenn es ernstlich ist."

„Haß macht schuldig auf beiden Seiten", erklärt er anschließend. „Nur wenn wir uns gegenseitig annehmen, werden wir diesen Krieg beenden, anders nicht. Wir wollen nicht nachlassen in der Fürbitte – gerade auch für die Menschen, die das Blutvergießen schüren, damit sie ‚gesunden'..."

Sie verstehen ihn ja und sind sich auch einig, daß Gewalt gegen Gewalt keine Lösung ist. Wie aber sollen sie schließlich auf Repressalien wie solche reagieren, von denen der Augenzeuge berichtete?

Ladislav hofft, daß es in Selo nicht dazu kommen wird. „Die Entwicklung von Wirtschaft und Finanzen läßt wohl eine baldige Lösung erwarten. Ich rechne mit dem Zusammenbruch des Ganzen", meint er.

Der Lehrer schüttelt dazu den Kopf. „Ich weiß von

hohen Beträgen, die Belgrad von der Europäischen Gemeinschaft bewilligt bekam. Dieses Gremium scheint blind zu sein", sagt er. „Merken sie denn nicht, daß sie die Falschen unterstützen, nämlich die Machtgierigen, die zäh am jugoslawischen Einheitsstaat festhalten und jede Unabhängigkeitsbestrebung unterdrücken wollen? Wer hätte gedacht, daß uns gerade diejenigen in den Rücken fallen würden, die vielleicht als einzige die Macht hätten, unser Bestreben nach demokratischer Erneuerung voranzutreiben!

Bei Polen, der Tschechoslowakei und Ungarn wurde ein Abschluß der Handels- und Kooperationsverträge von demokratischen und marktwirtschaftlichen Reformen abhängig gemacht. Bei uns verfahren sie anders. Die Europäische Gemeinschaft steht dem Streben einzelner Völker nach Identität und Eigenständigkeit ratlos gegenüber. In Brüssel hält man es wohl gerne mit Zentralgewalten, da weiß man scheinbar, woran man ist."

„Das Fazit für uns: Wir können nicht auf Hilfe von außen warten, sondern müssen uns selbst helfen", meint Mihajlo Pavlovic. „Und ein entscheidender Schritt wäre, uns mit all den Serben im Dorf zusammenzutun, denen an einem guten Miteinander gelegen ist. Damit würden wir dem biblischen Rat folgen."

„Richtig, Mihajlo. Ich könnte etliche aufzählen, die das Blutvergießen verabscheuen wie wir", sagt Petar Guvan. „Paradox ist nur: Es gibt dabei ein Hindernis – die Kirchenzugehörigkeit. Sie spaltet uns in zwei Lager, ganz gleich, wie wir zu den Ereignissen stehen.

In Selo und wo auch immer hier in Slawonien wird man einfach der einen oder der anderen Frontseite zugeschlagen. Es sieht fast aus wie ein Krieg der beiden Kirchen gegeneinander. Offen gesagt, wir wissen gar nicht, wie es dazu kam, daß die zwei christlichen Kirchen nebeneinander existieren. Die Bibel spricht von Urgemeinden – aber wie ging es dann weiter? Bisher haben wir nicht danach gefragt, wir waren eben römisch-katholisch, und damit gut." Er wendet sich an den Priester. „Können Sie uns erklären, wie die Ostkirche entstand?"

„Das ist eine lange Geschichte. Aber ich will versuchen, es kurz zu machen."

„Es wäre wichtig für uns zu hören, meine ich", sagt Petar. Die anderen stimmen zu.

„Nun gut. – Petar Guvan hat schon erwähnt, im Anfang herrschte weitgehend Einigkeit, der Glaube war festumrissen.

Die Ausbreitung des Christentums brachte das Evangelium mit vielen verschiedenen Kulturen in Berührung. Und obwohl vieles der christlichen Tradition allen Christen, unabhängig von Sprache und Kultur, gemeinsam war, entstanden doch Unterschiede in Auslegung und Praxis. Das führte zu Spannungen und Problemen innerhalb der Kirche.

Eine Lehrstreitigkeit ging aus von Arius, einem Presbyter an der Baukaliskirche in Alexandria. Er behauptete, nur der himmlische Vater sei Gott, nicht aber Christus, der Sohn. Seine Lehre wurde nach langem Hin und Her als Irrlehre verworfen.

Konstantin, später ‚der Große' genannt, war inzwischen Kaiser des Ostens und des Westens geworden.

Seine neue Hauptstadt Konstantinopel errichtete er am Bosporus, an der Stelle der alten Siedlung Byzantinum. Sie wurde später zum Zentrum der Ostkirche.

Unter Konstantin verschmolzen Staat und Kirche immer mehr zu einer Einheit.

Auf den ersten Blick profitierte die Kirche von seiner Politik: Sie war nicht nur frei von Verfolgung, sie wurde jetzt sogar hofiert.

Da der Kaiser die Kirche als Teil seiner Macht brauchte, befürchtete er, die innerkirchlichen Lehrstreitigkeiten könnten auch eine Spaltung seines neuen Staatsgebildes hervorrufen.

Darum berief er ein Konzil in den Kaiserpalast nach Nicäa ein. Das war im Jahre 325. Das Konzil sollte die Einheit der Kirche wiederherstellen und verfaßte anschließend das sogenannte ‚Nizänische Glaubensbekenntnis'. Erneut wurde die Irrlehre des Arius verworfen.

Weitere Konzile folgten, neue Glaubensbekenntnisse und Lehrsätze wurden verabschiedet. Immer mehr begannen die Ostkirche in Konstantinopel und die Westkirche in Rom sich als eigene Kirchen zu verstehen. Dabei gab es zwischen ihnen weniger Unterschiede in theologischen Grundaussagen als vielmehr Uneinigkeit in Äußerlichkeiten wie etwa Ausdrucksformen des Glaubens, Ablauf des Gottesdienstes und Einzelheiten der Kirchenverwaltung.

Nicht zuletzt vertieften auch die unterschiedlichen Sprachen die Trennung der Kirchen. Es kam zu Fehlinterpretationen und Mißverständnissen zwischen dem lateinisch sprechenden Westen und dem griechisch sprechenden Osten. Jede Seite war überzeugt, sie vertrete die wahren Grundlagen des christlichen Glaubens, und so kam es zur Spaltung."

Die Männer haben gespannt zugehört. Wohl alle haben den Priester verstanden, aber Ladislav sagt doch: „Das begreife, wer kann."

„Wenn ihr mich nun fragt, warum ich unseren Glauben als den wahren ansehe, kann ich nur auf die Bibel verweisen. Sie ist Gottes Wort, auf das wir uns gründen. Geben wir dieses preis, greifen wir ins Leere.

Und nun zu unserem Land. Ihr wißt: Das griechisch-orthodoxe Christentum verbreitete sich bei Serben und Montenegrinern, das römisch-katholische dagegen bei Kroaten und Slowenen. Beide Volksgruppen sind also seit Jahrhunderten jeweils von ihrer Glaubensrichtung geprägt. Sollte uns das aber hindern, im Nachbarn den Bruder zu sehen?"

Der Lehrer atmet schwer. „Ehrwürden, Sie mahnen uns anhand der Bibel zur Versöhnung. Das ist richtig, und ich spreche gewiß nicht nur für mich, wenn ich sage: Wir sind dazu bereit. Was aber tun die Kirchen von oben her? Bis jetzt hat man jedenfalls nichts gehört..."

Ivan Movrin zögert, ehe er darauf eingeht. „Ich darf als Priester meiner Obrigkeit nicht vorgreifen. Aber ihr sollt doch wissen, daß ich in dieser Sache – weil sie mich umtreibt – Verbindung zu unserem Erzbischof gesucht habe. Die Telefonleitung ist jedoch offensichtlich abgeschnitten. Ich habe auch versucht, Raco Radic, den Popen in Predgrade, zu erreichen, um gemeinsam zum Frieden zu wirken.

Weil auch sein Anschluß gestört ist, machte ich mich vorgestern zu Fuß auf den Weg. Am Wäldchen begegnete ich Ihnen, Ladislav Belosevic", er nickt ihm zu, „und Sie meinten, ich solle wegen des nahen Geschützdonners im Norden lieber umkehren, es sei zu gefährlich. Jetzt wissen Sie, warum ich dem gutgemeinten Rat nicht folgen konnte. Aber ich danke nochmals dafür."

„Wird der Pope – ?" Alle sind gespannt.

Der Priester ringt um die rechten Worte. „Es ist schwer, etwas im Alleingang zu tun. Ich bin überzeugt, daß beide Kirchen sich um Verständigung bemühen werden. Wir müssen wohl abwarten ..."

*

Die Abendsonne steht gelbrot über den grauen, kastenförmigen Häusern des Neubauviertels im Südosten von Vukovar. Vorgestern waren sie noch unversehrt, seit gestern sind zersplitterte Fenster mit Pappkarton vernagelt, die Fassade zeigt Einschußlöcher. Schwere Artillerie der „Volksarmee" – welcher Hohn! – belegt die Stadt fast pausenlos mit Trommelfeuer. Die Pavlovic' wohnen im mittleren Block, Titostraße 34. Marco ist allein zu Hause. Die Nachbarin klopft: Komm mit in den Keller!

Aber Marco gibt keine Antwort. Er wartet, bis im Treppenhaus Ruhe herrscht und schleicht sich hinaus. Soll er vielleicht tagelang untätig hier sitzen? Seit gestern ist die Welt verändert. Gewiß, vorher war auch schon Krieg, es wurde gekämpft, geschossen. Doch man konnte hinaus und wieder herein, wenn auch unter Gefahr.

Jetzt versetzt der Belagerungszustand die Menschen in eine innere und äußere Zerreißprobe. Die Ferien gehen bald zu Ende, aber an Unterricht ist nicht zu denken. Später, wenn einmal alles vorüber sein wird, werden sie sich in der Schule gegenseitig fragen, was jeder inzwischen gemacht hat. Aber kann es je wieder sein wie vorher?

Marco hat am Vormittag erlebt, wie zwei Gruppen – Alte, Junge und Kinder auf beiden Seiten – sich auf der Straße anfeindeten. Sie alle sitzen augenblicklich im selben Boot. Aber die einen schimpften auf die „Serbenspione", die anderen machten die „Kroatenschweine" verantwortlich für das Schicksal, das der Stadt jetzt widerfährt. Dabei ist eindeutig, wer der Angreifer ist und wer sich verteidigen muß. Die Verteidiger müssen auf der Hut sein, daß ihnen keiner aus der Stadt in den Rücken fällt.

Marco würde am liebsten gleich zum Vater gehen, mit ihm reden und bei ihm Hand anlegen, doch er weiß dessen genauen Standort nicht. Bei Mutter im Krankenhaus wird es auch genug zu tun geben.

Auf der Straße rennt er von Haus zu Haus, immer schutzsuchend, vorwärts. Knattern, Zischen, Bersten, Detonationen. Eine Rakete schlägt in das Bürohochhaus im Zentrum ein. In der Südvorstadt umgeht er im großen Bogen die Kaserne „Vierzehnte Slawonische Brigade", aus der schon vor dem Beginn der Belagerung der Stadt ständig geschossen wurde. Sie war von kroatischen Einheiten eingeschlossen worden, nachdem die Offiziere ihre Räumung verweigerten. Angeblich wollen die Angreifer sie nun freikämpfen.

Marco flitzt gerade über die Straße, um in einer offenen Garage Deckung zu finden, als ihm Soldaten entgegengerannt kommen. Aber keine kroatischen – das Herz bleibt ihm fast stehen: Sie tragen Armeeuniform! Sind sie schon eingedrungen, haben die Verteidiger bereits an einer Stelle nachgeben müssen? Das darf nicht sein! Vater hat ihm versichert, Vukovar sei eine Festung, die keiner im Handstreich nimmt.

Er drückt sich in die äußerste Ecke, hinter eine kompakte Werkbank. Einer hat ihn aber vorher erspäht.

„He, Junge, du mußt uns helfen! Führ uns ganz schnell zum Krankenhaus, wir haben Verwundete!" Und als er die Angst in Marcos Augen sieht: „Wir sind aus der Kaserne desertiert, kennen uns hier nicht aus."

Es sind etwa vierzig – Kroaten, Slowenen und einige Mazedonier aus der Vielvölkerarmee – die von den serbischen Offizieren unter Androhung standrechtlichen Erschießens festgehalten wurden und heute endlich ausbrechen konnten. Die Unverletzten haben sich sogleich bei der kroatischen Truppe gemeldet. Das erfährt Marco im Krankenhaus, nachdem er die Verwundeten herbringen half. Einer muß operiert werden. Wegen des Beschusses ist ein Not-OP im Keller eingerichtet worden, und vor dieser Tür steht Marco unvermutet Stjepan gegenüber.

„Vater, du?" erschrickt er, „du bist verletzt?"

„Mach dir keine Sorgen. Ein Granatsplitter im Arm. Morgen bin ich wieder in der Stellung."

„Und heute?"

„Sicherlich nicht ratsam, nach Hause zu gehen. Ein

Eckchen findet sich hier für uns. Mutter hat jetzt auch ein paar Stunden dienstfrei. – Siehst du, es wird ein Familientreff. Wozu solch ein Splitter gut sein kann!" versucht er zu scherzen.

Keiner hätte es sich noch am Morgen erträumt: Sie sitzen zusammen, erschöpft, Stjepan mit Schmerzen, aber glücklich. Die Müdigkeit läßt sich noch ein Weilchen verscheuchen.

„Was meinst du, Vater, wird der Krieg bald ein Ende haben? Bekommt ihr Nachrichten? Wir haben seit gestern keinen Strom und hören nichts."

„Wir werden über Funk informiert. Jeder von uns hofft auf eine schnelle Beendigung des Blutvergießens auf dem Verhandlungsweg. Aber Serbiens Gewaltpolitik verhindert noch jede politische Lösung der Krise. Das meint jedenfalls Staatschef Mesic, und er hat recht. Serbien will Kroatien destabilisieren, um die Wohngebiete der serbischen Minderheit in dieser Republik ‚für ein Großserbien zu erobern'.

Das offizielle Serbien bezahlt die Tschetniks! Es schickt Waffen und militante Serben her. Serbien hat die Autonomie für Albaner und Ungarn in Kosovo und der Wojwodina aufgehoben, für seine Leute verlangt es diese aber überall. Es druckt auch illegal Geld, untergräbt damit vollends letzte Hoffnungen auf Rückkehr in ein stabiles Miteinander."

„Ich behalte trotz allem ein wenig Hoffnung", sagt Jovana. „Unser Chefarzt hat Verbindungen, das wißt ihr. Er ist Serbe, aber mit dem Regime Milosevic nicht einverstanden. Er äußerte gestern, den Kommunisten in Belgrad werde nichts anderes übrigbleiben, als sich dem internationalen Druck zu beugen und dem

Friedensplan der Europäischen Gemeinschaft zuzustimmen. Offenbar fürchten sie doch die angedrohten Wirtschaftssanktionen, ja die totale Isolierung. Auch die Vereinigten Staaten von Amerika stehen jetzt öffentlich hinter dem EG-Ultimatum zur Beendigung des Bürgerkriegs. Sie wollen sich sogar an den Sicherheitsrat der Vereinten Nationen wenden. Der Chef meint, daß wir in den nächsten Tagen davon hören werden."

„Ja, wir wollen zuversichtlich bleiben, auch wenn ich den Zusagen der Kommunisten kaum mehr traue. Wir haben ja unsere Erfahrungen damit gemacht ... Aber wir setzen unsere Hoffnung schließlich nicht auf Menschen, sondern auf Gott."

„Genauso hast du es auch zur Silberhochzeit gesagt, Vater", erinnert sich Marco. „Haben wir heute nicht den vierundzwanzigsten? Dann ist's gerade ein halbes Jahr her, daß wir feierten."

„Du hast recht, Marco. Da waren wir alle beieinander. Obwohl die Lage damals schon beängstigend war, denke ich heute doch gerne dran. Ich gäbe viel darum, wenn wir jetzt wüßten, wo Milan ist, und wie es Vilka und Marijan geht und Großvater ..."

„Vielleicht sind wir wieder beisammen, wenn noch ein halbes Jahr vergangen ist. Kommt, wir wollen unser Leben und unsere Zukunft Gott anbefehlen." Jovana faltet die Hände.

*

Milan sitzt zusammen mit zehn, zwölf anderen Soldaten in der Eisenbahn. Seit dem 1. August dient er bei der Armee. Vorher durfte er noch seine Abschlußprüfung machen – ein Entgegenkommen, das er den Professoren verdankt, die sich für ihn einsetzten. Jetzt ist er Diplomlandwirt – aber das Diplom bekäme er erst bei seiner Truppeneinheit überreicht, hieß es. Der Grund ist nicht schwer zu erraten: Zu Hunderten weigern sich junge Männer, dem Einberufungsbefehl zu folgen. Er aber braucht schließlich die Bestätigung seines Studienabschlusses. Er hat „summa cum laude“ bestanden.

Das Regiment, dem er zugeteilt wurde, lag an der Grenze zwischen Bosnien und Kroatien, da war er der Heimat sehr nahe. Er schrieb den Eltern, bekam aber keine Antwort. Als gestern bekannt wurde, was um Vukovar geschah, wurden er und ein Dutzend anderer Männer, die auch aus dieser Gegend stammen, abgezogen. Sie fahren jetzt in Richtung Belgrad.

Die Bahnstrecke führt durch das Nordserbische Hügelland mit vielen Eichenwäldern, wo große Schweineherden wühlen. Dazwischen riesige Pflaumenplantagen, und auf den lößbedeckten Gebirgshängen gedeihen Wein, Äpfel, Aprikosen und Maulbeerbäume. In den Talsenken liegen Dörfer und Marktflecken wie Nis und Kragujevac, vielleicht ebenso groß wie Vukovar.

Milans Wunsch war immer, den Bauern und Gärtnern einmal zu einem leichteren Leben zu verhelfen, indem sie durch bessere Anbaumethoden reichere Ernten erzielten. Aber anstatt sich der Forschung zu widmen, wie es für ihn vorgesehen war, anstatt Land zu bebauen und für Wohlstand zu sorgen, lernt er jetzt schießen, zerstören, vernichten. Niemand soll ihm etwas von Verteidigung erzählen!

Nach Stunden ermüdender Fahrt liegt sie vor ihnen – die weiße Stadt Belgrad, wo Donau und Save sich vereinigen. Auf der Landzunge zwischen den beiden Flüssen erhebt sich die alte Festung Kalemegdan, die an Siege des Prinzen Eugen gegen die Türken erinnert.

Milan betrachtet das Fort aus dem Abteilfenster. Die Türken waren damals Feinde, die das eroberte Land nicht aus den Klauen lassen und weiter unterdrücken wollten. Heute schießen aber die eigenen Leute aufeinander. Und in Belgrad werden die Fäden gezogen. Die Hauptstadt Jugoslawiens und zugleich Serbiens ist Donauhafen und Knotenpunkt für Eisenbahn und Straßen, die aus Ost- und Westeuropa nach Athen und Istanbul führen.

Aber für Milan ist Belgrad seit ein paar Wochen viel mehr: die Heimatstadt von Marija, dem Mädchen, das er liebt. Sie war seine Kommilitonin, und was ihn besonders beeindruckt hatte, war ihr klares Eintreten gegen die jetzt todbringenden Schranken zwischen den jugoslawischen Völkern.

In Gedanken sieht er sie vor sich: Zierlich, dunkel, ihr schmales Gesicht geprägt von den braunen Augen, die unbeugsame Entschlossenheit ausdrükken. Als er sie vor ein paar Wochen in ihrem Elternhaus besuchte, fand er, daß Vater und Mutter – beide Serben – der blutigen Auseinandersetzung im Lande ebenso entschieden widersprachen. Sie planten gezielte Gegenaktionen. Was mag daraus geworden sein? Seit dem Examen hat er Marija nicht wiedergesehen. Was würde sie sagen, daß er sich nun doch die Uniform der Armee anziehen ließ? Doch *sie* hatte ihr Diplom ausgehändigt bekommen...

Milan denkt an das belagerte Vukovar, an das Geschütz, das er bald bedienen soll, denkt an Marija: „Weißt du, wie elend mir zumute ist?“

3

Donnerstag, 31. Oktober 1991

Ein Dokumentarfilmteam des Belgrader Fernsehens ist mit dem Aufnahmeleiter Nicolj Durban unterwegs. Auf der belebten, teilweise gefährlich schadhaften Straße geht es über Novi Sad nach Norden – eilig, hektisch, wie immer. Sie wollen und müssen sich bewähren. Neuste Bilder sind gefragt, kein ‚Schnee von gestern'!

„Gib Gas, Franjo! Du weißt, je aktueller und spektakulärer der Film, desto lauter klimperts im Geldsäkkel. Die Regierung ist zwar anscheinend nicht mehr vermögend, aber bei den Medien wird nicht gespart. Wir machen die Meinung, ist doch klar!"

„Und jedes ‚Gewußt-wie' wird doppelt honoriert, das ist bekannt. Dein größter Treffer war ja, daß du in den Bericht über die Zusammenstöße bei Plitvice Bilder von Adolf Hitler mit dem kroatischen Nazikollaborateur Ante Pavelic eingeblendet hast... Und anschließend, wie Kroatiens Präsident Tudjman Bundeskanzler Helmut Kohl die Hand schüttelt. Kommentar überflüssig!"

„Ja, unsere Leute müssen Bilder sehen, die ihr Nationalbewußtsein und den Kampfgeist stärken", meldet sich der Assistent Branco. Nicolj nickt.

„Das heißt für uns im Augenblick konkret: sputen, sputen, damit uns das vorgesehene Objekt nicht entgeht!"

Franjo wirft einen spöttischen Seitenblick auf Nicolj: „Du brauchst nicht zu treiben, das ‚Objekt' läuft uns nicht davon, oder? Schließlich hast du gute Freunde unter den Tschetniks. Widersprich nicht, ich selbst habe diesmal zufällig den Hörer abgenommen, als sie zusagten zu warten, bis wir ‚live' filmen können. Sie inszenieren wieder einmal für uns, wie Artillerie den nächsten Turm von einer katholischen Kirche holt. Bekommen sie Anteil für Kooperation?"

„Also wißt ihr", meldet sich Victor, der Kameramann, „manchmal ist mir ein bißchen unheimlich zumute. Wieder die Zerstörung einer Kirche. Wenn ich an Vocin denke, das wir unlängst brennend filmten – die Türken hatten das Kloster und die Stadt schon einmal so verwüstet wie jetzt wir. Es gibt genug Legenden, daß es ihnen Unglück und Seuchen eintrug."

„Jetzt ist's aber genug!" schlichtet Franjo.

„Was ist genug – die Treffer?" fragt Branco zynisch und gibt sich schon selbst Antwort: „Längst nicht genug! Es ist von zweihundert geköpften Kirchen und zwanzig zerschossenen Klöstern die Rede. Da bleiben den Kroaten, diesen faschistischen Ustaschen, immer noch zuviel. Na, heut' geht also mindestens eine wieder ab. So ein Zusammensturz ist doch ein herrliches Spektakel."

„Vor allem auch ein Heidenspaß, weil wir damit genau ihren Nerv treffen", lacht Nicolj hechelnd. Er trommelt mit seiner Hand auf Franjos Arm: „Also los, Junge, mach, daß wir ans Ziel kommen! Und von dir, Victor, erwarte ich, daß deine Hand beim Filmen nicht zittert, sonst bist du am längsten mein Kameramann gewesen!"

Victor holt tief Luft. „Ihr wißt genau, daß ich ein Kunstfan bin und deshalb die blinde Vernichtung unwiederbringlicher Schätze nicht als ‚Sieg' betrachten kann. Nachdem die Türken Vocin zerstört hatten, richteten die Franziskaner vor zweihundert Jahren die alte gotische Pfarrkirche wieder her – es war ein einzigartiges Baudenkmal. Ich wünschte mir, das alles wäre bald vorbei. Ich hab's satt."

„Unser Sieg ist nicht mehr fern", frohlockt Branco, „ihr habt gehört, daß unsere serbischen Politiker im Staatspräsidium jetzt die vollständige Mobilisierung angeordnet haben, um eine rasche Entscheidung herbeizuführen. Zugleich wurden die Vorschläge der Europäischen Gemeinschaft abgelehnt."

„Die waren für uns wahrlich unannehmbar. Ich habe erst gestern noch einmal die Zeitungsnachrichten studiert. Acht unserer führenden Staatsmänner im Präsidium waren in Den Haag zur Friedenskonferenz geladen. Aber von unserem Hauptanliegen, der Veränderung der Grenzen, war keine Rede, denn die EG lehnt das ab. Also müssen wir Tatsachen schaffen, die man nicht mehr rückgängig machen kann."

Zwei Armee-Hubschrauber lenken die Aufmerksamkeit des Teams auf sich. Sie brummen über die Straße hinweg, auch Richtung Norden. Vielleicht bringen sie Nachschub just nach Vocin, das auf halbem Wege zwischen Zagreb und Osijek liegt und völlig abgeschnitten ist. Vielleicht ist die Ladung aber auch für die Belagerer von Vukovar bestimmt. Die Stadt liegt noch gut dreißig Kilometer vor ihnen, trotzdem sind deutlich Raketeneinschläge zu hören.

„Seit dem 23. August ist Vukovar nun schon belagert, und ein großer Teil der Zivilbevölkerung konnte nicht fliehen. Eigentlich muß man bewundern, wie verbissen sie durchhalten."

„Sie – du meinst die Kroaten. Es wohnen schließlich auch genug Serben dort, die lieber heute als morgen Schluß haben wollen. Den kroatischen Söldnern müßte doch längst klar sein, daß sie letztlich unterliegen. Warum dann nicht bald kapitulieren?"

„Erstaunlich immerhin, daß ihnen Kugeln und Brot noch nicht ausgegangen sind. Täglich versorgen unsere Helikopter, wie man sieht, Freischärler und die eigenen Einheiten mit neuen Waffen, vor allem mit Minenwerfern. Für die Garde in Vukovar aber ist kein Nachschubweg mehr frei, und Flugzeuge fehlen den Kroaten ebenso wie schweres Geschütz. Man muß staunen, daß die Bevölkerung nicht revoltiert."

„Ich möchte nicht wissen, wie es dort zugeht. Angst und Schrecken rund um die Uhr und zwar für jedermann, Freund wie Feind. Kein Tag, an dem nicht ‚heftige Kämpfe' gemeldet werden ..."

Nicolj bricht ab, denn in diesen Minuten brausen Jagdbomber heran. Sirenen heulen in der Stadt Ilok, die jetzt vor ihnen liegt, und in den Ortschaften ringsum. Luftalarm, es klingt schaurig.

„Schnell weiter, fort von hier, Franjo!"

Aber der Verkehr stockt plötzlich, um ein Haar wären sie aufgefahren. Was ist los? Da vorn, ein unübersehbar langer Flüchtlingszug, hunderte, nein einige tausende, zu Fuß mit Koffern, Packen, Bündeln auf Wagen und Karren oder mit dem Fahrrad, das einer schiebt.

Nicolj und sein Team springen aus dem Fahrzeug, Victor mit griffbereiter Kamera, die anderen mit Mikrofon und Block. Sie arbeiten fieberhaft, sind sicherlich die ersten und einzigen hier.

„Victor, drehen, drehen!"

Branco fiebert, macht sich an Leute heran: „Wohin wollen Sie? Kommen Sie von weit? Und..."

Plötzlich eine gewaltige Detonation. Eine Bombe! Hier mitten in die Menge hinein... Die Sprengwirkung ist so gewaltig, daß Erde und Steine wie ein Hagel auf die Menschen niedergehen. Autos werden zerrissen. Ein spitzes Metallstück trifft Branco an der Schläfe. Er stürzt, das Mikrofon entfällt ihm. Ringsum Schreie, Verletzte, Panik, Chaos.

War das ein Versehen oder Absicht? Man wird es später vielleicht erfahren. Jetzt gilt nur eins: „Drehen, drehen, drehen! Hörst du, Victor!"

Nicolj kümmert sich nicht um die Verwundeten, er jagt Informationen nach. Fragt selbst die, die stöhnen und bluten. Erst viel später entdeckt er Branco, der leblos liegt.

„Verflucht!" knirscht er. Er fühlt den Puls, hebt ein Augenlid, geht.

Als er Victor sieht, fragt er nur: „Alles erfaßt, was berichtenswert ist? Kamera in Ordnung? Und wo ist Franjo?"

Er schaut auf die Uhr. „Wir müssen weiter. Irgendwo übers Feld, es muß gehen."

*

„Ist Marco bei dir?"

Jovana kommt atemlos im größten der unterirdischen Tunnel an, in denen sich die kroatischen Verteidiger von Vukovar verschanzt haben. Stjepan gehört hier zum Stab.

Sie hat während einer Feuerpause den Weg vom Krankenhaus hierher gewagt. Fast pausenlos ist sie jetzt im Einsatz. Aber die Sorge um den Jungen wurde übermächtig. Er hat sich seit drei Tagen nicht bei ihr sehenlassen. Eine Wohnung haben sie nicht mehr. Das Haus ist wie unzählige andere längst eine zerschossene Ruine.

„Sag, wann war er das letzte Mal hier?" drängt sie ihren Mann.

„Am Sonntag brachte er Verbandzeug von euch, wollte es nur abgeben und gleich wieder gehen. Ich begegnete ihm am Ausgang, er war wütend auf die Ludomirs aus dem Nachbarhaus. Zusammen mit einer ganzen Horde junger Aufgeputschter haben sie ihn verprügelt. Er war übel zugerichtet."

„Warum das? Und was hatte er dort zu tun?"

„Er wollte versuchen, an unseren Keller heranzukommen, ob da noch brauchbare Konserven wären."

„Sie wollten sie ihm wohl wegnehmen?"

„Er hatte keine, der Keller ist vollkommen verschüttet."

„Warum also?"

„Weil – . Ach, es ist so deprimierend, Jovana, daß wir, die wir jahrelang gut miteinander auskamen, uns nun als Feinde gegenüberstehen, geschürt von den Machtgierigen."

„Aber die Ludomirs sind Kroaten!"

„Das schon. Aber sie haben sich zu Fanatikern aufputschen lassen, die nicht mehr den Menschen sehen. Blinder Haß treibt sie auf alles, was serbisch heißt. Sie hatten irgendwie erfahren, daß du serbischer Herkunft bist, das wußten sie vorher nicht. Nun nannten sie Marco einen – ich mag es gar nicht aussprechen, Jovana, weil es dir wehtut."

„Dann weiß ich's: Einen Bastard nannten sie ihn. Was kann ein Mensch für seine Abstammung! Aber wir wollen auf die Ludomirs keinen Stein werfen. Denk an Slavko, wie er jetzt den Serben herauskehrt, und an deine Stiefmutter, für die wiederum jeder Serbe ein Teufel ist. Es ist zum Heulen.

Übrigens weißt du schon, daß Slavko mir gestern einen Zettel zuspielen ließ? Woher der Wisch eigentlich kam, weiß ich nicht, aber es war eindeutig seine Schrift. Er schrieb großspurig, er wolle mich durch einen Handstreich hier herausholen lassen. Aber er hat ja schon immer durch Verrücktheiten auf sich aufmerksam machen wollen."

„Du wärst in Selo jedenfalls sicherer als hier in dieser Hölle."

„Wir wollen die Zeit nicht mit unnützen Worten

vertun, Stjepan. Nur – Marco! Hoffentlich hat sich Slavko nicht auf irgendeine Weise auch an ihn herangemacht!"

„Ich war am Sonntag sicher, daß er zu dir gehen und sich verbinden lassen würde. Es war mir so selbstverständlich, ich habe gar nicht weiter gefragt."

„Ich habe ihn nicht einmal gesehen, als er die Medikamente abholte. Wir mußten fast pausenlos operieren."

„Wo könnte er sich aufhalten? Mir kommt die Idee, daß er womöglich die Gefahr nicht scheut, sich zu Großvater durchzuschlagen. Gerade am Sonntag machte er sich wieder Gedanken, wie es ihm wohl geht. Du weißt, wie sehr er an ihm hängt, ich hätte aufmerksamer sein müssen. Selo ist schon seit zwei Wochen in der Hand der Freischärler, sagte man mir."

„Ich denke, dann hätte er uns gesagt, was er vorhat."

„Und wir hätten ihm natürlich verboten zu gehen."

„Ja, denn er würde sein Leben aufs Spiel setzen, jetzt durch den Ring der Armee zu brechen. Trotzdem würde ich's ihm zutrauen. Er ist manchmal recht leichtsinnig."

„Sag das nicht. Gerade das schwere Leben in den letzten Wochen hat ihn reifer gemacht. In seinem Handeln war er ohnehin kein Dreizehnjähriger mehr. Denkst du noch daran, wie er auf eigene Faust einen geheimen Weg für Nachschub ausgekundschaftet hat – am letzten möglichen Tag, ehe sich der Ring vollkommen schloß! Wie er den Streifenposten überlistete, der ihn beinahe geschnappt hätte – das war schon richtig professionell. Kein Altgedienter hätte es besser gemacht ..."

„Trotzdem mache ich mir Sorgen. Wir müssen überall nach ihm fragen. Gut, daß die Arbeit mich ganz fordert. Grübeln macht alles noch schlimmer ..."

„Du denkst natürlich auch an Milan. Vielleicht zwingen sie ihn, auf uns hier zu schießen? Und Vilka. Hoffentlich ist sie raus aus Dubrovnik, die Kämpfe dort müssen genauso hart sein wie hier. Die Stadt ist auch ohne Wasser, ohne Strom. Aber ihre Belagerung begann erst vierzig Tage später. Ich habe nachgerechnet: Bei uns ist's heute der neunundsechzigste Tag."

„Wir können nur hoffen, daß Gott sich erbarmt. Im Krankenhaus sieht es böse aus. Wir wissen kaum mehr, wohin mit all den Verwundeten, und alles spielt sich nur noch im Keller ab. Die Toten der letzten Tage liegen im Garten, nur mit einer Plane abgedeckt. Wer soll sie begraben? Wir werden ständig gezielt beschossen. Was sind das für Menschen, die nicht einmal mit den Kranken Erbarmen haben! Und dabei nennen sie sich Christen. Was beten die in der Kirche?"

„Du hast recht. Es ist fast schlimmer als früher zu Zeiten der Türken. Von denen erwartete man aber auch nichts anderes. Und nun?"

Momir Mitic, Stjepans Oberleutnant, kommt. Er begrüßt Jovana.

„Ich habe soeben eine hoffnungsvolle Nachricht aufgefangen, die will ich euch nicht vorenthalten. Eine unerwartete politische Wende! Gerade hat

Milosevic mitgeteilt, die serbischen Minderheiten könnten als solche sowohl in Bosnien-Herzegovina als auch in Kroatien bleiben, wenn sie zusätzlich zu der weitgehenden Autonomie auch noch die Zuständigkeit in der Gesetzgebung übertragen bekämen. Ich vermute, dieses Einlenken ist unter dem Eindruck des EG-Ultimatums zustande gekommen."

„Anscheinend stehen sie wegen ihrer Eroberungstaktik jetzt einer geschlossenen internationalen Front gegenüber."

„Allerdings gibt es da noch einen Vorbehalt der Serben, der vielsagend ist: Außenminister Jovanovic sprach sich gegen den Einsatz von *militärischen* EG-Beobachtern aus. Er will nur zivile. Wahrscheinlich fürchtet er, daß ausländische Militärs manches aufdecken könnten, was Zivilisten entgeht."

Dutzende Einschläge ringsum. Die Schlacht tobt unvermindert weiter. Müßte Serbien nach dieser Verlautbarung die Kampfhandlungen nicht unverzüglich stoppen?

„Ich fürchte, unsere Hoffnungen werden auch diesmal wieder enttäuscht – genau wie bei all den früheren Waffenstillständen, die dann doch nicht eingehalten wurden", sagt Jovana. „Die Offiziere der Armee hören längst nicht mehr auf die Befehlshaber, und die Freischärler noch viel weniger."

„Wenn die EG dazu beitragen würde, ein militärisches Gleichgewicht herzustellen, dann wären die Chancen für eine politische Lösung viel größer. Was uns fehlt, sind schwere Artillerie, Flugzeuge und Kriegsschiffe. Alles ist in den Händen der Armee. Wir haben doch nur, was wir erobern konnten."

„Bald wird es uns auch an Munition fehlen und an Lebensmitteln."

Der Funker kommt und macht Meldung: „Nach der serbischen Zustimmung zum Friedensplan hat unsere Regierung die für Sonntag vorgesehene Generalmobilmachung vorerst abgesagt."

„Hoffentlich war das nicht übereilt?" bemerkt Jovana, und die Skepsis in ihren Worten ist nicht zu überhören.

„Wir wollen die nächsten Tage abwarten", sagt der Oberleutnant, „wenn sie uns zwingen, werden wir weiterkämpfen. Wir geben nicht auf."

Stjepan stimmt ihm zu: „Jovana weiß, daß ich ebenso denke."

Spät ist's, als draußen endlich etwas Ruhe einkehrt und er sie im Fahrzeug zum Krankenhaus zurückbringen kann. Ehe sie aussteigt, nimmt er sie voll Zärtlichkeit in die Arme.

„Sobald wir etwas von Marco erfahren, geben wir uns sofort Nachricht, Jovana. Ich fühle, ihm ist nichts zugestoßen, er hat sich vielleicht spontan für eine notwendige Sache eingesetzt. Ich frage in unseren Stellungen nach. Sollst sehen, alles wird gut."

Sie schmiegt sich an ihn, Minuten der Geborgenheit in dieser ständigen Gefahr. Dabei kommt es ihr fast sündhaft vor, heute Zeit für sich ‚verschwendet' zu haben, während alle bis zur Erschöpfung im Einsatz stehen.

„Wenn ich Gott nicht immer bei uns wüßte, würde ich verzagen, Stjepan. Aber er gibt Kraft. Bleib behütet!"

Er küßt sie und vergißt in diesem Augenblick

Krieg, Not, Blutvergießen und die nicht eingestandene Angst um Marco.

„Ich liebe dich, Jovana!"

*

Auf der grünen Insel Locrum, verborgen hinter üppigem Gesträuch, wurden die Geschütze aufgestellt, die vom Land gegen Dubrovnik gerichtet sind. Milan hat nur eine kurze Ausbildung erhalten, trotzdem steht er an vorderster Front im Einsatz. Dabei wird er, wie jeder Kroate in der Einheit, ständig beobachtet. Er kann nicht einfach die Zielrichtung ändern und ins Leere feuern. Nein, er hat Dubrovnik im Visier, und dort wohnt seine Schwester. Aber das hat er niemand erzählt.

Er und andere Slawonier sind absichtlich hierher in den Süden geschickt worden, um weit von daheim entfernt zu sein. Ihn aber werden sie trotzdem nicht abhalten, endlich zu desertieren. Sein Diplom hat er bis heute nicht erhalten. Er pfeift inzwischen darauf. Wenn wieder normale Verhältnisse eintreten, wird er es schon irgendwie bekommen. Aber selbst, wenn die Uni mit allen Unterlagen vernichtet werden sollte – es darf ihn nicht abhalten. Er muß jetzt einfach hier fortkommen! Sobald er an Marija denkt, schämt er sich, daß er nicht von vornherein so entschieden hat. Sie riskiert jetzt an führender Stelle mehr als nur den Beruf.

Wenn er erfahren will, was anderswo geschieht, muß er sehr die Ohren spitzen. Offizielle Nachrichten bekommen sie nicht. Hier und da sickert durch,

„daß Friedensgruppen auf verschiedenste Weise der Armee und Regierung in den Rücken fallen“. Die Antikriegszentren sollen jetzt aber rücksichtslos zerstört werden, hat die Führung verlauten lassen.

Belgrad ist nicht der einzige Ort, wo mutige Frauen wie Marija der Gefahr trotzen und sich selbstlos einsetzen für ein friedliches Zusammenleben. In Rijeka arbeiten sie daran, die Stadt zur entmilitarisierten Zone zu machen. Sie haben außerdem einen Sender eingerichtet, der Falschmeldungen der staatlichen Medien aufdeckt und zu Versöhnung und Frieden aufruft. In Zagreb wird ein ähnliches Zentrum aufgebaut, dort wird eine eigene Zeitung herausgegeben. Gruppen in Slawonien arbeiten mit Frauen in Venedig und Triest zusammen.

Trotz allem schweigen die Waffen noch längst nicht. Besonders um zwei Städte tobt der Kampf, und die leisten erbitterten Widerstand. Die eine ist Vukovar, deren Eroberung für die Serben offenbar eine Selbstbestätigung werden soll. Gerade sie muß es sein! Neunundsechzig Tage sind die Bewohner und Nationalgardisten jetzt schon dort eingekesselt. Haben sie noch zu essen? Ob die Eltern und Marco überhaupt noch leben? Man spricht von ein paar hundert Toten – doch wer weiß das genau? Und wenn es nur zehn wären: Man wüßte deren Namen nicht. Das Krankenhaus soll zerschossen sein. Ach, Mutter! Und sie ahnt nicht einmal, wo ihr Ältester ist.

Ja, und die zweite Stadt, auf deren Schlüsselstellung es den Serben ankommt, ist Dubrovnik. Wie tapfer ihre Verteidiger kämpfen, erlebt er stündlich. Seit fast dreißig Tagen sind sie vollkommen eingekreist, auch der Hafen Gruz ist blockiert. Die Stadt soll ohne Strom und Wasser sein. Die Armee ist um ein Vielfaches in der Übermacht, und starke Verbände der Freischärler wollen sich offenbar auch als Sieger feiern lassen...

Jetzt wird beim Beschuß auch die Altstadt nicht mehr verschont. Trotzdem: Dubrovnik hat die Forderung nach bedingungsloser Kapitulation bisher nicht erfüllt. Verhandlungen der Stadtverwaltung mit dem örtlichen Kommando der Bundesarmee wurden ergebnislos abgebrochen.

Wenn Milan doch mit jemand reden könnte! Aber das wäre zu gefährlich. Er muß mit allem, was ihn bewegt, nur in Gedanken fertigwerden. Und immer dringender wird ihm klar: Er muß zu Vilka und sich bei den Verteidigern der Stadt einreihen. Aber wie? Wie soll er aufs Festland gelangen? Schwimmend sich davonzumachen wäre der sichere Tod.

Vorige Woche hatte er Hoffnung, zur befohlenen Einnahme des Kurortes Kupari, an der Küste südlich von Dubrovnik, mit eingesetzt zu werden. Die Blokkade militärischer Objekte dort müsse gebrochen werden, hieß es scheinheilig. Dabei gibt es auf Kupari keine einzige Kaserne, nur Erholungsheime des Militärs... Für Milan zerschlug sich die Hoffnung, weil kein Kroate an der Aktion teilnehmen durfte.

Seine Gedanken kreisen unentwegt um das eine. Er kann nicht länger auf der falschen Seite bleiben. Schlimm genug, daß er es so lange schon tat.

Herrgott, zeig mir einen Weg, öffne mir einen!

*

Mihajlo Pavlovic hat einen leichten Schlaf. Das war nicht immer so. Aber seit dem Brand im Februar ist es ihm in Fleisch und Blut übergegangen, auf jedes ungewohnte Geräusch zu lauschen. Und es hat sich noch verstärkt, seit die Tschetniks von Selo Besitz ergriffen haben. Die kroatischen Leute werden nun mit Waffengewalt wie Geiseln gehalten.

Damals, als der aus dem Nachbardorf entkommene junge Mann von solchen Erfahrungen erzählte, waren sie entsetzt gewesen, aber sie hatten sich eine solche Situation nicht recht vorstellen können. Nun wissen sie, wie brutal man vorgeht.

Stromleitungen und Telefone sind abgeschnitten. Niemand darf seinen Hof verlassen. Etwas einzukaufen ist nicht möglich, denn der einzige Laden gehört einem Serben und wird außerdem streng bewacht. Zwar hätte jeder Bauer genug Vorrat, aber die Freischärler plündern. Sie sind nicht von hier, man hat für die Besatzerdienste absichtlich Fremde ausgewählt. Nur der Hauptmann und schlimmste Anstifter ist Einheimischer: Slavko Matic.

Mihajlo lauscht. Waren da Schritte ums Haus? Oder hat er nur geträumt? Sicherheitshalber steht er aber doch auf, schleicht sich zum Fenster und öffnet es lautlos. Der abnehmende Mond läßt ihn zwei Männer mit umgehängten Gewehren vor der Scheune erkennen. Sie machen sich am Schloß zu schaffen und reden ziemlich laut.

„Ich war sicher, da lungerte jemand herum ..."

„Dann müßte er zu finden sein. In der Scheune kann er sich nicht verkrochen haben, sie ist verschlossen, wie du siehst."

„Wir werden es also nicht melden. Sonst beschimpft er uns als Gespensterseher…"

Langsamen Schrittes, immer noch einmal um sich schauend, gehen sie davon.

Mihajlo verharrt noch eine Weile am Fenster. Was könnte den beiden verdächtig erschienen sein? Da sich jedoch nichts rührt, legt er sich wieder ins Bett.

Keine zehn Minuten später. Sand oder kleine Steinchen prasseln an die Scheibe. Ach, wann wird er endlich mal wieder eine ruhige Nacht haben? Olga ist zu beneiden, sie läßt sich nicht stören. Nur wehe ihm, wenn wirklich etwas geschähe und es wäre ihm entgangen!

Sie leben sich immer mehr auseinander, finden keine Gemeinsamkeiten mehr. Ihr Giftspucken gegen alles Serbische ist schon krankhaft. Hundertmal am Tag oder noch öfter muß er sich anhören, daß nur seine Toleranz schuld an dem ganzen Elend sei, daß man Stjepan verachten müsse, weil er die Schwester des Tyrannen zur Frau habe, daß…

Ach, er ist es einfach leid, sich ständig ihre Ausbrüche anzuhören. Weil sie sich tagsüber so verausgabt, fällt sie abends todmüde ins Bett. Auch gut! Nicht auszudenken, wenn sie wachliegen und weiter agitieren würde!

Wieder: Steinchen… So macht sich eigentlich weder ein Einbrecher noch ein anderer Bösewicht bemerkbar. Vielleicht braucht jemand Hilfe? – Oder doch eine Falle?

Er späht abermals hinaus. Dicht an den Stamm der Kastanie gepreßt steht jemand. Was soll er tun? Er öffnet das Fenster, horcht hinaus.

Da löst sich die Gestalt aus dem Schatten und ruft mit gedämpfter Stimme: „Ich bin's!"

Zur selben Stunde sitzt Slavko bei Slobodan, vor sich eine Schnapsflasche. „Hier, nimm!" hält er sie gönnerhaft auch dem Bruder hin.

„Ich sagte schon nein, Slavko."

„Und warum? Nicht gut genug?"

„Einer muß nüchtern bleiben, wenn du schon kein Maß mehr kennst. Du trinkst dir fragwürdigen Mut an für Gewalt und Unterdrückung. An den Schwachen läßt du deine Herrschsucht aus."

„Slobodan, ein König muß herrschen. Ich bin der König der Tschetniks, ich und kein anderer. Wir werden diesen Krieg führen, bis wir als glorreiche Sieger hervorgehen und das Land besitzen, das wir haben wollen, auch dieses hier."

„Ein Land der Ruinen, wenn ihr so weitermacht. Du hast mir gestern eine Zeitung gebracht, da steht, was man in jeder Ausgabe liest: Vukovar, Osijek, Vinkovci und andere Städte hier in Slawonien lagen unter schwerem Beschuß, die Luftwaffe fliegt dauernd ‚erfolgreiche' Kampfeinsätze. Aber die Bundesarmee wird euch von ihrem ‚Ruhm' nichts abgeben."

„Milosevic hat von der Armee die Erfüllung seiner nationalen Vorstellungen erwartet. Aber was tut sie? Sie fabriziert und hütet Ruinen. Wir Tschetniks dagegen, wir demoralisieren die Kroaten und machen sie damit gefügig. Das erfordert ganze Hingabe! Im Bundesheer stehen nur wenige mit ganzem Herzen dahinter. Es ist eben ein Vielvölkerhaufen mit vielen Abtrünnigen darunter. Wir aber sind Serben ...!"

Olga Pavlovic findet am Morgen einen fremden Schal in der Küche. „Was bedeutet das?“ hält sie ihn Mihajlo entgegen.

Er nimmt den Schal und legt ihn wortlos in den Hausflur. Dann geht er auf der Außentreppe leise ins Obergeschoß und schließt dort das Zimmer zu, das früher Stjepan gehörte und jetzt als Abstellraum dient. Das Bett des Sohnes steht noch darin.

Dann versorgt er die Schafe und das Federvieh, soweit es noch nicht gestohlen wurde, holt schon für mittags Heu aus der Scheune und sieht hier und da nach dem rechten.

Einmal muß er aber doch wieder ins Haus gehen. Olga ist nicht mehr in der Küche, er hört sie oben mit Schlüsseln hantieren. Nun, sie wird kein Glück damit haben. Aber die Auseinandersetzung mit ihr ist gewiß.

Tee steht auf dem Ofen, Mihajlo füllt sich eine Tasse. Der Hunger ist ihm vergangen. Letzte Nacht wurde ihm klar, daß Marco heute erst einmal Ruhe braucht und verborgen bleiben muß. Warum hat er bloß den Schal übersehen!

Was der Junge erzählte, geht ihm nicht aus dem Sinn. Ihm als Großvater, der immer das Vertrauen des Kindes genoß, ist nie bewußt gewesen, wie verletzlich Marcos Seele doch ist. Er hat sich immer als Kroate verstanden, ganz selbstverständlich gehörte er auf diese Seite. Nun haben ihn Kroaten verprügelt – als Bastard! Und dieses Schimpfwort wird bald die Runde machen – dafür wird die Horde Halbwüchsiger schon sorgen.

Mihajlo hat immer gestaunt, wie sehr sich Marco in vielerlei Hinsicht älter zeigte, viel reifer als seine

Jahre. Jetzt wird deutlich, daß er mit seinen dreizehn Jahren eben doch noch kein Erwachsener ist, der eine Beleidigung einfach wegstecken kann. Nicht einmal jedem Erwachsenen gelingt das ...

Der Großvater war erschrocken, als er ihn sah – mit eiternden Wunden im Gesicht und – wie er später noch eingestand – einem dicken, schwarzblauen Bluterguß am Schienbein. Er hat sich robbend zwischen den Stellungen um Vukovar durchgeschlagen.

„Junge, warst du dir der Gefahr für dein Leben nicht bewußt?" fragte Mihajlo ihn.

„Doch", gestand er, „aber ich wollte fort. Als ich im Krankenhaus war, habe ich mir das Blut abgewaschen. Im Vergleich zu den Schwerverwundeten sah ich dann so normal aus, daß niemand auf den Gedanken kam, ein Pflaster an mich zu verschwenden.

Mutti war im OP, sie hat mich nicht gesehen. Ein Pfleger, der mich kannte, hat mir Verbandzeug für Vaters Gefechtsstand in die Hand gedrückt, weil ich schon ein paarmal welches hinbrachte. Dort schauten mich ein paar Soldaten ganz merkwürdig an. Vielleicht haben sie auch gedacht: Ist Stjepans Sohn wohl ganz astrein?

Wo sollte ich also hin? Es gab nur dich, und Schleichwege nach Selo kenne ich genug. So lange wie diesmal habe ich allerdings noch nie gebraucht, um auch ins Dorf hereinzukommen. Zwei Tschetniks hätten mich vor dem Haus noch fast erwischt. Aber als sie suchend die Runde machten, bin ich auf die Kastanie geklettert.

Großvater, muß ich mich schämen, ein Halbserbe zu sein?"

„Schämt sich deine Mutter, als Serbin geboren zu sein?"

„Ich glaube, sie hat keine Zeit, daran zu denken. Im Krankenhaus, wo jeder die Schwestern braucht, wird jetzt auch niemand danach fragen. Das hilft *mir* aber nicht."

„Hier bist du mein Enkel, weiter nichts, hörst du? Steigere dich nicht in eine Rolle hinein, die dich aufreibt. Du bist nicht das einzige Kind einer Mischehe. Und was heißt dieses Wort schon! Die Gesinnung eines Menschen ist wichtig, nicht der Stempel, den man ihm aufdrücken will."

Mihajlo gab Marco zu essen, kochte Kamille, wusch damit die Wunden und legte eine Arnikakompresse auf das Bein. Natürlich hätte er viel lieber einen Arzt geholt, aber den ließen die Freischärler nicht mehr in Häuser von Kroaten.

Vorige Woche durften sie nicht einmal ihre Toten begraben: Der alte Jovan Belovic starb an einem Schwächeanfall, und Dimitrj Sokols Schwiegermutter erlag einem Herzschlag, als die Tschetniks ins Haus drangen. Erst Slobodan Matic konnte die Extremisten überzeugen, daß sie selbst sich Seuchen heraufbeschwören würden durch unbegrabene Leichen. So ist die Lage.

Mihajlo hantierte fast lautlos in der Nacht, obwohl auf Olgas Schlaf Verlaß war. Sorgfältig räumte er die Arnikatinktur beiseite und den Topf, in dem er die Kamille gekocht hatte, wusch Marcos Geschirr ab und stellte alles wieder exakt an seinen Platz. Nur eins übersah er – den Schal!

Olga tappt draußen die Treppe herunter und steht

dann hochrot und kochend vor Wut neben ihm: „Wen verbirgst du da oben? Die Kammer war nie verschlossen!“

„Sie wird jetzt verschlossen bleiben, solange wir in diesem Ausnahmezustand leben müssen.“

„Dann will ich wissen, warum.“

„Es ist nie gut, alles zu wissen, Olga.“

„Ich lasse mich durch dich nicht in noch größere Gefahr bringen. Du versteckst da irgendeinen Vagabunden, der etwas auf dem Kerbholz hat, einen Deserteur vielleicht. – Wem gehört dieser Schal?“

Ihre Haltung wird drohend, und als er nicht antwortet, greift sie spontan in seine Jackentasche – der Schlüssel! Ein Handgemenge, bis Olga kreischend davonrennt, aber nicht die Treppe hoch, sondern hinaus zum Brunnen. Dort hinein wirft sie ihre Beute.

Mihajlo ist in Versuchung, die Frau anzupacken und zu schütteln, aber er wendet sich angewidert ab, denn er weiß, das ist der Todesstoß für ihre Ehe.

Wahrscheinlich hat Marco etwas gehört, er springt aus seinem Bett und schaut durchs Fenster auf den Hof. In diesem Augenblick muß ihn Olga entdeckt haben, obwohl er sofort einen Schritt zurücktrat.

„Aha, dieses Serbenschwein!“ schreit sie, „hast du vergessen, daß wir Kroaten sind? Kannst du unser Haus nicht reinhalten? Woher kommt das Bürschchen denn plötzlich? War es etwa bei seinen sauberen Onkeln und soll jetzt womöglich auskundschaften, was bei uns noch zu holen ist? Jage sofort den –“, und sie gebraucht das für Marco so schlimme Wort, „– den Bastard hinaus! Ich rate es dir, sonst passiert etwas!“

Dubrovnik.

Der 31. Oktober ist ein denkwürdiger Tag während all der Not und Gefahr, der sie ständig ausgesetzt sind. Vier Wochen dauert nun schon die Belagerung der Stadt. Doch heute konnten sich dreißig kroatische Frachtschiffe einen Weg durch die Sperrkette der Panzerkreuzer bahnen. Sie bringen Lebensmittel und Medikamente. Es erscheint den Seeleuten der Nationalgarde wie ein Wunder, daß sie nicht unter Feuer genommen wurden, ja daß der Geschützdonner augenblicklich ganz schweigt.

Ein Schiff nach dem anderen fährt vorsichtig in den früher so geschäftigen Hafen Gruz ein. Früher! Heute sind die Kais halb zertrümmert, die Entladeeinrichtungen zerstört. Die Soldaten der Garde müssen die Fracht im Handbetrieb löschen. Hier erfahren die Matrosen aus dem Norden, wem sie die glücklichen Umstände verdanken. Die in Dubrovnik stationierten Beobachter der Europäischen Gemeinschaft haben freies Geleit für die Versorgungsschiffe gefordert und konnten sogar durchsetzen, daß ein paar Stunden lang der Geschützdonner ganz schweigt.

Bisher war diesen einsatzbereiten Männern kein Erfolg beschieden. Bei den Verhandlungen zwischen der Stadtverwaltung und dem örtlichen Kommando der Bundesstreitkräfte zum Beispiel hatten sie die Vermittlerrolle übernommen. Die jugoslawische Streitmacht verlangte, daß die Verteidiger von Dubrovnik ihre Waffen übergeben und bedingungslos kapitulieren sollten.

Doch so sehr die Bürger litten und so real sie die zahlenmäßige und materielle Überlegenheit der

Belagerer einschätzten – kaum einer wollte die Kapitulation. Vielleicht ahnten sogar die Serben unter ihnen, was ihnen unter dem Kommando der Armee bevorstehen würde. Die Beobachter aus Brüssel konnten am Ende nur feststellen, man sei „an einem toten Punkt angelangt". Wie deprimierend für sie!

Diesmal hatten sie also ihre Forderung durchsetzen können. Die meisten von ihnen werden aber anschließend mit den Schiffen die Stadt verlassen. Ihr Hotel, in dem sie untergebracht waren, ist schwer von Raketen getroffen worden. Vielleicht gezielt, um sie zum Rückzug zu veranlassen? Auf jeden Fall dürfen sie froh sein, daß keiner von ihnen getötet wurde.

Vilka steht in ihrer Küche. Über dem Tisch zieht sich ein breiter Längsriß durch die Wand, aber das Haus ist im Vergleich zu vielen anderen nur leicht beschädigt. Rücksichtslos tobt der Kampf um Dubrovnik. Jeden Abend stellt man sich neu die Frage: Was wird morgen sein?

Für Marijan, der einen Einsatz in der Bundesarmee konsequent verweigert hatte, gab es keine Frage: Er mußte seine Stadt gegen die wahnsinnigen Angriffe verteidigen – in den Reihen der kroatischen Nationalgarde. Er ist nicht der einzige Serbe, der sich ohne Zögern auf die Seite derer stellte, die diesen Krieg nicht wollten. Keiner sollte pauschal sagen: Serben kämpfen gegen Kroaten. Vielmehr sind es Machthungrige, die die Gegenseite zur Notwehr herausfordern.

Vilka kocht ein bißchen Gemüse auf der letzten Holzkohle und mit einem Rest Mineralwasser. Künftig wird sie roh essen müssen, was sie bekommt. Die ganze Stadt hat seit neunundzwanzig Tagen weder Wasser noch Strom.

Heute gibt es dennoch einen Lichtblick. Schiffe mit Hilfsgütern sollen gekommen sein, dreißig Schiffe! Das hat sich wie ein Lauffeuer herumgesprochen.

Vera aus der Nachbarwohnung kommt angehumpelt. Beim ersten Großangriff auf die Altstadt, von dem die Menschen ohne Warnung auf der Straße überrascht wurden, stolperte sie flüchtend über herabstürzende Trümmer und verstauchte sich den rechten Knöchel. Er ist dick geschwollen und schmerzt.

„Ich wollte dir Bescheid sagen, die Leute strömen in Scharen nach Gruz zum Hafen. Bisher weiß niemand, wo die Lebensmittel verteilt werden, da hält man sich am besten an die Quelle. Willst du nicht auch gehen?"

Vilka lächelt und deutet auf ihren Bauch. „Ich kann ebensowenig hingehen wie du. Sicherlich geht's dort drunter und drüber, das will ich meinem Baby nicht antun, zumal ich jetzt manchmal ganz wacklig auf den Beinen bin."

„Vielleicht bringen unsere Männer irgend etwas, damit wir nicht ganz leer ausgehen."

„Wenn die Schiffe Mehl und Reis oder Nudeln und dergleichen geladen haben, wird es uns nicht einmal viel nützen. Das können wir ja nicht ungekocht essen. Aber vielleicht fließt das Wasser bald auch wieder. Schon vorige Woche sollte die Hauptleitung repariert werden."

„Die ‚Meisterschützen' werden schon dafür sorgen, daß neben jedem geflickten Loch gleich ein neues gerissen wird. Der Beschuß hört ja kaum noch auf.

Sollst sehen: Morgen, wenn die Pause abgelaufen ist, pfeifen die Geschosse wieder um so dichter von allen Seiten. Manchmal möchte ich verzweifeln."

„Gerade das dürfen wir nicht, Vera. Alles ist ohnehin schlimm genug. Sieh mal, wenn mein Baby bald geboren wird, weiß ich nicht, wie ich's versorgen soll. Habe ich nichts zu essen und vor allem nichts zu trinken, dann wird auch meine Brust nichts hergeben. Aber irgendwie wird Gott einen Ausweg wissen. Dieses Gottvertrauen möchte ich dem Kleinen mitgeben."

„Ich bewundere dich, Vilka..."

„Bitte, sprich nicht so. Du weißt genau, der Glaube ist kein Verdienst."

„Du hast gesagt, er komme aus der Predigt. Wir werden lange keine hören, wenn wir nicht hinauskönnen und die Kirchen zerschossen werden."

„Aber wir haben immer noch die Bibel. Sollen wir zusammen einen Abschnitt lesen? Wir hatten noch nie soviel Zeit dafür wie jetzt – kein Wäschewaschen, kein Abwasch möglich..."

Sie holt ihre Bibel. „Heute morgen habe ich eine Geschichte gelesen, die auch du sicher kennst. Sie steht im Matthäusevangelium. Mutter hat sie uns Kindern oft erzählt: Jesus steigt in ein Schiff und die Jünger folgen ihm. Er ist todmüde und schläft ein, merkt später nicht, daß ein Sturm aufkommt, der die Wellen haushoch peitscht. Die Jünger müssen schon Wasser aus dem Boot schöpfen, und er schläft! Ist das nicht zum Aus-der-Haut-Fahren?

Einer rüttelt ihn dann wach, sicherlich in panischer Angst wie alle, aber auch entrüstet über soviel Sorglosigkeit: Herr, merkst du denn nicht, daß wir bald ertrinken? Weißt du, wie es weitergeht?"

„Jesus schüttelt mißbilligend den Kopf und sagt: ‚Ich bin doch da, warum habt ihr solche Angst?'"

„Ja, und dann hebt er die Hände und befiehlt dem Sturm und den Wellen, still zu sein. – Ich finde, diese Geschichte hat soviel Ähnlichkeit mit unserer Situation. Auch über uns schlägt jetzt alles zusammen – Not, Haß und Gefahr. Aber unser Herr wird im rechten Augenblick Einhalt gebieten, ehe wir untergehen. Ich verlasse mich darauf und bin getrost."

„Danke, Vilka, du hast mir schon oft weitergeholfen. – Hörst du, da kommt jemand. Es wird Marijan sein."

„Ja, du hast recht, Vera", sagt er freundlich, „dein Gojko wird auch gleich da sein. Wir haben die ersten Schiffe mit entladen. Jeder bekam eine Portion Lebensmittel zugeteilt. Seht mal: Haferflocken, Nüsse, Obst, Zucker und Milch – alles auch ohne Kochen genießbar. Hier ist Käse, ein paar Konserven auch – für die nächsten Tage ist gesorgt."

„Bis später, ich muß Gojko empfangen!" Vera humpelt davon. An der Tür winkt sie noch einmal. Ihre Augen glänzen froh.

Marijan und Vilka fallen sich in die Arme. „Ein Lichtblick heute", sagt er. „Dabei könnte ich trotzdem weinen – um unsere schöne Stadt. Geh jetzt nicht hinaus, den Anblick solltest du dir erst noch ersparen. Was du vom Fenster aus siehst, ist schon schlimm genug. Die Kirchen ... es ist eine Schande! Der Onofriobrunnen, der Rektorenpalast und die Münze – nichts wurde verschont.

Aber das Schlimmste, was einem begegnet, sind die vielen depressiven Menschen. Gestern abend war ich mit Pavlo im Krankenhaus, er hatte sich den Fuß verletzt. Das neue Gebäude, auf das wir so stolz waren! Es ist furchtbar getroffen. Kein Platz mehr für all die Verwundeten. Das ganze Kellergeschoß liegt außerdem voll seelisch Kranker, die Behandlung brauchen. Es gibt mehrere Selbstmorde, hörte ich.

Unterwegs sprach ich mit einem Fischer, der völlig niedergeschlagen war. Sie können nicht hinaus aufs Meer, nicht einmal in die Küstenregion. Zwei, die es wagten, wurden von den Kriegsschiffen gleich als Zielscheibe genommen und kamen nicht zurück. Wovon sollen die Familien leben? Aber es trifft ja nicht nur die Fischer. Wer ist nicht arbeitslos, muß man fragen."

„Ich sollte in die psychiatrische Krankenhausabteilung gehen und mit den Menschen reden, Marijan."

„Wenn du nicht kurz vor der Entbindung stündest, ja. Aber dieses Haus ist einfach besonders gefährdet."

„Und zur Geburt?"

„Vielleicht könntest du die alte Blanca bitten, dir beizustehen? Sie war früher Hebamme."

„Wir müssen wohl abwarten, ob unser Haus bis dahin noch steht. Wer weiß, was morgen ist? Wie schätzt du die ganze Lage ein?"

„Du weißt, die Regierung in Belgrad hatte dem EG-Vorschlag zugestimmt, aus dem ganzen Land sechs souveräne Nachfolgestaaten hervorgehen zu lassen. Vor ein paar Tagen berieten jedoch die wichtigsten Politiker ein neues Konzept: Ein großserbisch ausgerichtetes ‚Neues Jugoslawien' soll errichtet werden.

Sie können sich von ihrem Wahn nicht trennen. Und jedes Mittel ist ihnen dazu recht: Sie metzeln und brennen nieder, was ihnen im Wege steht. Vukovar soll schon fast dem Erdboden gleich sein, aber noch immer halten sich die Verteidiger. Manchmal höre ich in Gedanken Vater Stjepan reden, wie er den anderen weiter Mut macht. Neunundsechzig Tage sind es jetzt schon, die sie durchhalten."

„Dabei sind neunundzwanzig wie bei uns schon lange genug, und immer noch ist kein Ende abzusehen. Wenn man sieht, was Menschen hier anrichten, kann einem wirklich angst und bange werden. Aber ich habe gerade mit Vera über die Geschichte von der Stillung des Sturms gesprochen. Ich bin mir ganz sicher: Jesus ist auch mit uns im Boot."

4

Dienstag, 5. November 1991

Belgrad.

Vor dem Haus der Bundesvolksversammlung, das mit seiner Kuppel an das Kapitolgebäude in Washington erinnert, haben sich ein paar hundert Frauen eingefunden. Nicht weit davon ist das Büro des Antikriegszentrums eingerichtet, dessen Anliegen sie zu ihrer Sache gemacht haben. Immer wieder droht die Regierung, es zu zerstören und die Frauen zu verhaften. Bis heute hat aber kein Polizist gewagt, eine von ihnen anzurühren.

Sie lassen sich nicht täuschen: Die Gefahr, die ihnen ständig droht, ist ihnen bewußt. Trotzdem lassen sie nicht nach, zur Ächtung des Krieges aufzurufen: Verbannt ihn aus der Geschichte!

Seit Wochen veranstalten sie jeden Abend ein „Friedensmarathon". Sie treffen sich im nahen Park und gedenken öffentlich und namentlich der Gefallenen aller kämpfenden Parteien. Anschließend laden sie zum Disput ins Theater ein, das der mutige Direktor ihnen zur Verfügung stellt. Durch Öffentlichkeitsarbeit und persönliche Kontakte unterstützen sie alle, die nicht weiterkämpfen wollen oder die Annahme ihres Einberufungsbefehls verweigern. In manchen Orten sind das achtzig Prozent der Betroffenen.

„Wir wollen mobilisieren *gegen* den Krieg und ihm jegliche Zustimmung und die Soldaten entziehen ..."

Die zierliche junge Frau, die da auf den Stufen vor dem Kuppelbau steht und mit klarer Stimme ruhig ins Megaphon spricht, ist Marija. Wer sie nicht näher kennt, würde sie eher für ein Schulmädchen als für eine Kämpferin halten. Die Frauen der Friedensbewegung aber wissen, was sie an ihr haben. Sie wird nie unsachlich oder ausfällig, sie steht furchtlos an dieser Front, die der Welt zeigen soll: Es ist nicht pauschal ein Kampf der Serben gegen die Kroaten, sondern auf beiden Seiten distanzieren sich viele davon.

Manche jungen Männer, die in Deutschland arbeiten, haben während ihres Heimaturlaubs die Einberufung bekommen. Viele von ihnen sind über Nacht wieder verschwunden. Andere bestätigen, daß die Frauenbewegung sie in ihrem Entschluß bestärkt habe.

„Die Welt muß erfahren", ruft Marija, „daß es in beiden Staaten, in Serbien und Kroatien, eine demokratische Opposition gibt, die der Politik ihrer Regierung kritisch gegenübersteht. Diese Kräfte sollten durch die westlichen Mächte viel stärker unterstützt werden. Die Herrschenden hier in Belgrad führen die Zwölfergemeinschaft doch nur an der Nase herum."

Wie recht sie hat! Das Bundesheer, das sich immer noch Volksarmee nennt, obwohl es die wehrlose Bevölkerung angreift, hat am Wochenende eine neue Offensive begonnen. Damit hat die von serbischen Generälen beherrschte Armeeführung noch kurz vor Auslaufen des Ultimatums deutlich gemacht, was sie von dem EG-Friedensplan hält. Folgerichtig wurde dieser auch heute ohne jede Kompromißbereitschaft abgelehnt. An der Machtgier scheitern jegliche Verhandlungen.

„Wie man auch versuchen wird, unsere Staatsfrage zu lösen", sagt Marija dazu, „wird sie doch niemals zugleich die Nationalitätenfrage lösen. Ob Jugoslawien einmal als Bundesstaat weiterbesteht, ob die Republiken sich zu einem Staatenbund im Sinne einer Konföderation zusammenschließen, ob nur eine Wirtschaftsunion übrigbleibt oder noch weniger – in jedem Fall wird es Minderheiten in allen Republiken geben, die ihr Recht erhalten müssen. Wir wollen friedlich miteinander leben, in den vielen gemischten Familien, im Beruf und wo es auch sei. Dafür kämpfen wir Frauen ..."

Was keiner der Friedensbewegung weiß: Immer wenn Marija zur Verweigerung des Kriegsdienstes aufruft, steht ein Mensch schmerzlich vor ihrer Seele – Milan Pavlovic. Welchen Weg mag er gehen?

*

Als die Bundesarmee am Wochenende ihre neue Großoffensive begann, konnte die kroatische Nationalstreitmacht mit einem Gegenangriff antworten – dank modernster T 84-Panzer, die sie inzwischen erbeutet hatte. Zwanzigtausend Soldaten wollen nun die Bundesarmee, die allerdings materiell weit überlegen ist, und die mit ihr verbündeten Tschetniks aus der Region Slawonien vertreiben.

Soeben meldet Radio Zagreb, die seit vierundsiebzig Tagen heiß umkämpfte Stadt Vukovar an der Donau sei das Ziel heftiger Angriffe. Von den ehemals 50 000 Einwohnern befinden sich noch 14 000 in der Stadt. Die Menschen hausen in halbverschütteten Kellerräumen, hungrig und übernächtigt, da die Geschütze kaum mehr schweigen.

Auch Vinkovci, zwanzig Kilometer südlich von Vukovar, wurde mit schwerer Artillerie beschossen. Panzereinheiten der jugoslawischen Armee versuchten mehrmals, den Fluß Bosut südlich von Vinkovci zu überqueren, um sich den Truppen um Vukovar anzuschließen. Die kroatische Nationalgarde konnte dies jedoch verhindern ...

Stjepan Pavlovic und die anderen Offiziere in der Tunnelstellung versuchen über Funk, verschlüsselte Informationen zu erhalten, wie sie aus der Stadt heraus das Vorgehen am wirksamsten unterstützen können. Jeder Funkspruch wird natürlich vom Gegner abgehört – auf beiden Seiten. Gestern hofften sie auf eine positive Wende. Heute dagegen müssen sie sich mit allen Kräften auf die Abwehr konzentrieren, weil der Beschuß aus jeder Richtung verzehnfacht wurde. Offensichtlich will die Armee eine Entscheidung in kürzester Zeit herbeiführen.

Sie aber wollen sich halten – um jeden Preis. Sie dürfen nicht aufgeben. Zwar ist die Stadt als solche nicht mehr zu retten, sie gleicht einem einzigen Trümmerhaufen. Doch es geht nicht mehr nur um Vukovar, es geht um das Vaterland Kroatien.

Stjepan verfolgt mit größter Spannung die Aktionen der Europäischen Gemeinschaft. Sie kann das Morden doch nicht länger tatenlos ansehen! Bisher wurde nichts erreicht, trotzdem mag er die Hoffnung nicht ganz aufgeben. Wenn in wenigen Jahren ein Vereintes Europa existieren soll, kann sich dessen Führung doch nicht weiter derart machtlos präsentieren! Die alleinregierende Sozialistische Partei in Belgrad nutzt diese Schwächen jedenfalls aus.

Ihre Führungsspitze behauptet höhnisch, die Friedensvorschläge „verletzen die Grundprinzipien internationalen Rechts". Stjepan mag es kaum glauben: Man kann die Dinge doch nicht so auf den Kopf stellen! Die Belgrader Führung will die unveränderten Grenzen der jetzigen Republiken nicht hinnehmen.

Für die serbische Minderheit in kroatischen Gebieten verlangt sie eine internationale Friedensstreitmacht. Erst dann werde sie erwägen, die Armee aus diesen Regionen zurückzuziehen. Die Minderheit solle dann abstimmen, ob sie sich der serbischen Mutterrepublik anschließen will.

Die Kroaten haben große Verluste unter ihrer Polizei, den Nationalgardisten und der Zivilbevölkerung zu beklagen. Gestern gab Zagreb die Zahl von 1700 Toten und 9000 Verletzten bekannt. Stjepan ist sicher, daß es viel mehr sind, wenn er nur an Vukovar denkt. Hier fehlen bereits viele Soldaten, deren Posten wieder besetzt werden müssen, ohne daß jemand von außen dazustoßen kann.

Stjepan und Momir Mitic, die eng zusammenarbeiten, müssen an vielen Stellen einspringen. Stundenweise stehen sie mit an den Geschützen, dann wieder lösen sie den Funker ab oder tragen Verwundete aus dem Feuer. Hier gilt kein Rang mehr, es geht ums Überleben. Trotz alledem dürfen sie gerade jetzt die Strategie nicht vernachlässigen. Nur der disziplinierte Einsatz läßt sie Zeit gewinnen, Tage, an denen international endlich etwas geschehen muß! Das Hin und Her um den Einsatz von Blauhelmen muß doch einmal zu einem Ergebnis führen.

Der Oberleutnant und Stjepan gönnen sich eine kurze Pause. Kurz vorher war ein Bote gekommen, der aber nur für Momir Mitic eine Nachricht hatte – ungewöhnlich in dieser Zeit höchster Anspannung. Aber es gab so viel zu bedenken und anzuordnen, daß Stjepan nicht weiter fragte.

Beide essen einen Brotkanten und trinken Tee – Kostbarkeiten in diesen Tagen. Sie schweigen erschöpft, bis Momir mit belegter Stimme fragt: „Hast du etwas von Marco gehört?"

„Nichts bisher. Im tiefsten Unterbewußtsein suche ich ständig nach ihm. Aber daß unsere Situation jetzt keine Ablenkung duldet, weißt du ja."

„Es ist hart, Stjepan, aber du kannst noch Hoffnung haben. Ich dagegen ..."

„Wie meinst du das, Momir?"

„Ich habe soeben erfahren, daß mein Junge gefallen ist. Dusan, mein einziger. Wenn sein Tod doch wenigstens einen Sinn hätte!"

*

Slavko Matic hat die Freischärler nach einem Einsatzplan in Gruppen auf ihre Posten geschickt. Man muß es ihm lassen: Er selbst bleibt auch nicht zu Hause. Er ist sogar stets an den gefährlichsten Stellen zu finden.

Heute pirscht er sich mit ein paar Männern über die Felder nördlich von Selo an den sogenannten Jägerhag heran, wo Unterholz gute Deckung bietet. Sie müssen wachen, gerade hier im Norden. Die Lage ist prickelnd ungewiß seit dem Wochenende. Es heißt, die Kroaten hätten Dörfer mit serbischen Bewohnern angegriffen. Man muß gut aufpassen! Tausende von Flüchtlingen aus den umkämpften, nicht eingekreisten Städten haben sich auf den Weg nach Bosnien begeben. Gut, daß die Hauptstraße in einigem Abstand von hier verläuft. Wie leicht könnten ihnen Soldaten auflauern im Schutz derartiger Menschenscharen.

Slavko und die anderen der Gruppe postieren sich in größeren Abständen voneinander. Gar nicht so fern schlagen Raketen und Minen ein, die Geschütze donnern pausenlos. Es muß noch Verstärkung hinzugekommen sein. Ihre, die Feuerwaffen der Seloer Tschetniks, stehen in Gräben bereit, gut getarnt. Man wird sie wahrscheinlich hier am wenigsten brauchen, da sich die Kämpfe immer mehr auf die Städte konzentrieren.

Aus Ehrgeiz hätte sich Slavko mit seiner Einheit längst gern direkt in den Endkampf um Vukovar mit eingeschaltet. Was ihn noch abhält, kann und will er niemand sagen, es könnte ihm als Schwäche ausgelegt werden. Von seinen Leuten darauf angesprochen, hat er stets geheimnisvolle Andeutungen bereit: Sie würden als eiserne, schlagkräftige Reserve im entscheidenden Moment zum Einsatz kommen.

Jetzt ist es im erschreckend nahen Schlachtengetöse kaum noch vertretbar, hier in relativer Ruhe zu verharren. Deshalb hat er den Draufgängern unter seiner Mannschaft eine sehr bedeutsame, wichtige Aufgabe gestellt, die vor jedem anderen Einsatz erst erledigt sein muß. Und richtig, das war nach ihrem Geschmack!

Ha, wenn die Seloer Ustaschen ahnten, was ihnen bevorsteht! Heute verspricht sich Slavko trotz Alarmbereitschaft noch eine – wahrscheinlich die letzte – Nacht ohne besondere Vorkommnisse. Oder doch nicht? Stojan Jaklic aus Knin, der als Slavkos treuer Gefolgsmann mit hierher gekommen und immer an seiner Seite ist, hat einen Schuß abgegeben. Was bedeutet das?

Stojan wird seinem „König“ sogleich Meldung erstatten. Slavko geht ihm nicht einmal aus Neugier einen Schritt entgegen. Zum Teufel, wen bringt er denn da? Er hat einen Burschen im Genick gepackt und schiebt ihn vor sich her.

„Hier, Chef, ein Spion! Er hat einen Streifschuß am Ohr. Mach das nach bei dieser Dunkelheit, fast Neumond! Oder hätte ich gleich ein paar Zentimeter weiter nach rechts zielen sollen?“

„Wer bist du?“ herrscht Slavko den Fremden an.

Der antwortet nicht.

„He, laß dir ins Gesicht schauen!“ zieht der Chef eine Taschenlampe hervor, läßt sie nach dem ersten Blick aber erschrocken wieder sinken.

„Marco, träume ich, oder bist du es wirklich? Schickt dich deine Mutter? So rede doch!“

Der Junge schluckt. Was soll er sagen? Bei Großvater konnte er nicht bleiben, Olga machte es unmöglich. So ist er wieder heimlich davongeschlichen, um sich zurück nach Vukovar durchzuschlagen. Schließlich ist es gleichgültig, wo man ihn beschimpft!

Schon zwei Nächte hat er versucht, fortzukommen. Immer hat er Posten erspäht und war gezwungen, umzukehren. Heute wollte er es hier in dem Graben probieren, der sich durch das Unterholz zieht. Er wird sich hüten, seine Geschichte haarklein zu erzählen. Jeden Satz, nein, jedes Wort muß er gut überlegen. Mit dem Onkel umzugehen, gleicht einem Schachspiel.

„Also was ist?“ wird Slavko ungeduldig.

„Die Kroaten sagen, ich sei keiner von ihnen. Und wenn ich dort nicht hingehöre ... Da habe ich mich aufgemacht.“

„Wie, du kommst zu uns? Junge, alles hätte ich erwartet, aber das nicht! Ha, da hat Herrn Lehrers Erziehung letzten Endes doch versagt.“ Dann wendet er sich an Stojan, der verständnislos dabeisteht, und ruft triumphierend aus: „Einer, der unsere Reihen stärkt – mein Neffe!“

Als Slavko noch einmal die Taschenlampe nimmt, sieht er das Blut aus Marcos Ohrläppchen laufen. „Stojan, du hast mehr Glück als Verstand gehabt“, sagt er. „Von Zielen kann man wohl nicht reden, wenn nur die Sterne leuchten. Hättest du ihn schlimmer getroffen, wäre mein nächster Schuß für dich gewesen.“ Er hinterläßt noch ein paar Anweisungen und bringt Marco nach Selo auf seinen Hof, wo sich das „Hauptquartier“ der Freischärler befindet.

*

Auf der Insel Locrum herrscht heute Ruhe. Auch die Kriegsschiffe schweigen. Das ist so ungewohnt wie schon vor fünf Tagen, als die Versorgungsschiffe einliefen. Die Ursache heute? Manche vermuten, die Verhandlungen zwischen der Stadtverwaltung von Dubrovnik und der Armee, die angeblich im benachbarten Cavtat stattfinden, könnten der Grund sein. Was die Besprechungen betrifft, weiß jeder schon aus Erfahrung, daß deren Ergebnis gleich null sein wird. Und das bedeutet: Es wird mit Sicherheit bald wieder donnern und krachen.

Milan hat zusammen mit Budimir Surjak – auch einem Slawonier – von neun bis elf Nachtwache an den Geschützen. Der kleine blonde Osijeker Friseur wird von allen Budi genannt. Für Milan dagegen prägten die anderen einen wenig schmeichelhaften Namen. Seine große Vorsicht, heimliche Gedanken ja nicht preiszugeben, hat ihn bei den Kameraden zum ewig schweigsamen „Muffel“ gestempelt. Man läßt ihn gehen, und er sucht keinen Anschluß. Budi steht ihm als einziger etwas näher. Vor allem ist ihm die Heimat an der Donau gleichermaßen vertraut. Trotzdem reden die beiden nicht sonderlich viel miteinander. Wer weiß schon, ob nicht ein Spitzel im Gebüsch steckt?

Heute ist Neumond, nur der Sternenhimmel hellt

die Nacht ein wenig auf. Milan schaut hinaus auf See, wo die Silhouetten der schweren Kriegsschiffe bedrohlich nahe sind.

Vor allem aber schweift sein Blick immer wieder über den Meeresarm hinüber zur Stadt. Dubrovnik liegt vollkommen finster da, wie tot. Man weiß, daß jegliche Stromversorgung dort ausgefallen ist. Auf Locrum gibt es genügend Notstromaggregate, drüben offensichtlich nicht. Ein einziges Positionslicht beobachtet Milan seit Tagen am Eckbollwerk der Stadtmauer links von der Einfahrt zum kleinen Yachthafen.

„Was mag zu Hause jetzt vorgehen? Und dort drüben?" Budi spricht aus, was auch ihn beschäftigt.

„Man müßte nachschauen, wenn man's genau wissen will", versucht Milan einen scherzhaften Ton anzuschlagen.

Aber Budi bleibt sehr ernst: „Die Gedanken sind frei, nicht wahr?" Er dämpft seine Stimme noch mehr, denn er fürchtet wie Milan, da könnten unerwünscht Ohren lauschen. Sehr selten schickt man nämlich zwei Kroaten miteinander auf Wache, deshalb ist doppelte Vorsicht geboten. Beide spüren aber auch ohne viele Worte das gegenseitige Einverständnis.

Milan hat die Küste an dieser Seite von Locrum tagsüber schon unauffällig inspiziert. Und nachts hat er aufmerksam das Verhalten der Patrouillenboote beobachtet. Lange hielt er es für tödlich und damit für unmöglich, den sieben- oder achthundert Meter breiten Meeresarm schwimmend zu überqueren. Dieser wurde stets besonders aufmerksam beobachtet: Beim geringsten Argwohn schoß man bereits.

Heute schätzt er die Gefahr nicht geringer ein, aber nach tausend anderen Überlegungen ist er zu dem Schluß gekommen, daß er es riskieren muß. Er hat keine andere Wahl. Kommt er um, dann ist es sein Schicksal. Er kann nicht länger bei dieser verruchten Armee bleiben und auf seine eigenen Leute schießen! Er darf nicht. Gott weiß es. Nur mit ihm allein hat er stumm geredet. Auch die anderen Slawonier hat er nie merken lassen, was in ihm vorging. Budi hat es offenbar trotzdem geahnt. Oder setzt er es einfach voraus, weil in ihm dasselbe vorgeht?

Gerade schaut Budi auf die Uhr und hält sie Milan unter die Augen. Die Leuchtziffern zeigen zehn an. „Wenn, dann jetzt", flüstert er.

Ja, wenn die Ablösung kommt, müssen sie fort sein. Das Herz beginnt plötzlich zu rasen, und die Gedanken überschlagen sich. Kann es gutgehen? Alle Zeltunterstände, in denen Soldaten hausen, stehen am Schloßgelände auf der rückwärtigen Seite der Insel. Die Streifenposten, die Locrum umrunden, haben die Stellung vor zehn Minuten passiert. Ein Patrouillenboot ist heute noch nicht gefahren. Das macht die Sache nur unsicherer. Außerdem läßt sich die Befürchtung, daß man sie beide besonders beobachtet, einfach nicht abschütteln.

Ohne weitere Absprache setzen sich beide in Bewegung, Milan sehr zielstrebig. Budi folgt ihm, immer bedacht, keine verdächtigen Geräusche zu verursachen. Milan peilt eine hohe Eiche an, die unmittelbar am Rand des Waldes steht, wo der Fels senkrecht ins Meer abfällt. Drei, vier Meter tief oder mehr.

Bei Tage hat er längst eine bestimmte Stelle ausgesucht, wo man über kleine Vorsprünge kletternd den Badestrand erreichen kann. Wird er sie finden? Wolken kommen auf und dämpfen das Sternenlicht. Hundertmal hat er die Flucht in Gedanken schon durchgespielt, hat sich vorgenommen, die Sache ruhig und besonnen anzugehen. Und nun?

„Hier, Budi!“ zeigt er hinunter. Da – ein Rascheln. Ist ihnen doch jemand gefolgt? Beide schauen spontan hinter sich: ein Schäferhund. Spurensuche? Dennoch gibt es kein Zurück. Wo man sie jetzt auch entdeckt, sind sie verloren. Merkwürdigerweise gibt der Hund nicht Laut, er rennt auch nicht fort, um zu melden. Ein freundlicher Vierbeiner also, keiner „von Amts wegen“?

In Milans fiktive Flucht gehörte vor dem riskanten Abstieg immer noch ein letztes Gebet, ein letztes vor dem entscheidenden Schritt, womöglich das letzte seines Lebens. Stattdessen hastet er jetzt in Panik an den Felsrand, sucht einen Halt für die Füße, rutscht ein Stück abwärts und weiß sogleich: Das ist nicht die ausgewählte Stelle.

Er findet ein schmales Sims, aber keinen Halt für die Hände, gleitet, spürt scharfe Kanten seine Haut aufreißen, stürzt schließlich, aber landet mit heilen Knochen im Sand.

Budi handelt ebenso überhastet wie Milan. Er kann einen Meter abwärts klettern, aber als er Milan stürzen sieht, springt er. Unglücklicherweise kommt er mit dem Fersenboden auf einen so spitzen Stein auf, daß er laut aufschreit. O Himmel, jetzt sind sie verraten!

Milan packt helle Angst. Er hat die Kleidung schon abgestreift, während Budi stöhnend vor Schmerz im Sand liegenbleibt. Da zerrt er ihm Jacke, Hemd und Hose vom Leib. „Wir dürfen keine Minute verschenken. Schwimmen kannst du! Los!"

Nach dem ersten Schritt schon hat man keinen Grund mehr. „Los, du mußt! Es geht um unser Leben!"

Und Budi schwimmt.

Wie oft hat es Milan in Gedanken exerziert: Lautlos, Milan! Nicht mit den Händen plätschern! Luftholen, dann wieder für einen langen Zug abtauchen. Ruhig, Milan, ganz ruhig!

Jetzt ist alles völlig anders. Er weiß nicht, welche Verletzung Budi hat, bleibt ständig neben ihm. Unter normalen Umständen ist's keine Hürde, die Strecke zurückzulegen. Aber der Gedanke, vielleicht beobachtet und dann verfolgt zu werden, ist einfach lähmend. Jeden Augenblick kann das Patrouillenboot zu hören sein, kann ein anderer Wachposten aufmerksam werden und Alarm schlagen oder ein Suchscheinwerfer aufstrahlen ...

Plötzlich hört er ein Geräusch hinter sich. Was könnte das sein? Ein Boot – nein. Aber auch kein Mensch. Milan hat vorsorglich auf unverfängliche Art einen Hiesigen nach Raubfischen gefragt. In der Regel hätten sie hier keine, sagte der. Nur dann und wann, in großen Zeitabständen allerdings, gäbe es schon mal Hai-Alarm. Da würden die Touristen dann rechtzeitig gewarnt. Das braucht man jetzt nicht, kein

Mensch badet hier. Werden ihn also nicht die Häscher fassen, sondern ein –

Nicht ausdenken. Schwimmen, schwimmen, ganz ruhig. Budi ist da, rechts von ihm. Aber das andere zur Linken kommt auch ganz nahe. Plötzlich ein kläffender Laut. Himmel, der Hund ist ihnen gefolgt. Also doch ein Verfolger? Doch er bleibt anscheinend wieder zurück.

Drüben der Umriß der hohen Stadtmauer. Sie müssen achtgeben, in dem kleinen Yachthafen anzukommen, anders gelangt man nicht in die Stadt. Auf dem linken Rundturm blinkt jetzt das kleine Licht, das Milan schon mehrmals beobachtet hat. Vielleicht ein Signal?

Im selben Augenblick nun doch ein Suchscheinwerfer auf dem Meer. Kommt er von der Insel? Ist ihre Flucht entdeckt? Nein, er kommt von einem der Schiffe. Reicht der Lichtstrahl bis hierher? Offenbar sucht er die Mauer ab.

Budi wird immer langsamer, seine Züge sind kraftlos.

„Es ist nicht mehr weit, nimm allen Mumm zusammen! Eins – zwei, eins – zwei ... He, Budi, du mußt durchhalten!“

Der Posten auf der Stadtmauer hat scharfe Augen. Da bewegt sich etwas auf das Hafenbecken zu. Man hat ihn gewarnt vor Spionen, einer soll ertappt worden sein, wie er einen Sprengsatz an der Mauer anbringen wollte. Er gibt Alarm. Unterdessen flammen drüben auf der Insel Suchscheinwerfer auf.

Gardisten kommen, das Gewehr im Anschlag, um

nach Verdächtigen zu sehen. Sie finden einen jungen Mann, der sich an das erste Boot in der Hafeneinfahrt geklammert hält, ein anderer will ihm heraushelfen.

„Wir sind zwei von euch“, sagt Milan, „helft Budi, er ist verletzt!“ Und dann: „Gott sei Dank, wir haben’s geschafft! Ich kann’s noch gar nicht fassen.“

*

Marco liegt auf einer Pritsche in Slavkos großer Küche. Wie lange hat er geschlafen? Lautes Reden hat ihn nun geweckt, aber er rührt sich noch nicht. Wie spät es wohl ist? Eine Schar Tschetniks sitzt gerade beim Essen.

„Gib mir noch Eier!“ sagt einer.

„Du bist ein Vielfraß! Andere wollen auch was haben.“

„Na und? Wir brauchen doch bloß zu holen, was wir wollen. Wer von den Kroaten traut sich schon, uns entgegenzutreten?“

„Du Esel bist aber neulich zu Serben gegangen, haha!“

„Sei still, hat mir genug Ärger eingebracht.“

„Bei der Großaktion müßt ihr schon besser aufpassen. Wenn ihr da einen falschen erwischt, ist’s nicht wieder gutzumachen.“

„Dafür haben wir ja Slavkos Plan. Aber vorher müssen Vieh und Vorräte ausgeräumt werden, das brauchen wir schließlich selbst als Verpflegung.“

„Habt ihr euch schon eingeprägt: Torschuß! Morgen dann: Der Hahn kräht!“

„Mensch, das hat noch Zeit! – Sag lieber, wie halten wir's mit den Autos?"

„Nur bestimmte. Welche, erfahrt ihr noch."

„Übrigens, hast du die Feuerwehrspritze schon blockiert?"

„Erledigt."

„Wollt ihr die Leute wirklich in die brennenden Häuser einsperren? Laßt sie doch fliehen."

„Es sind schon genug nach Bosnien unterwegs. Zwölftausend, heißt es, ziehen seit dem Wochenende dorthin."

„Über die Kirche ist noch zu reden. Wenn schon, dann müssen wir ganze Arbeit tun. Sobald die Ustaschen samt ihrem Priester ausgeräuchert sind, ist hier Ruhe, und das mag dann ein Beispiel für die ganze Gegend sein."

„Achtet drauf, daß kein Kroate das Gehöft verläßt und auch kein Serbe da hineingeht. Ich würde es manchem zutrauen, daß er einen warnt. Deshalb dürfen auch die Serben vorher kein Wörtchen erfahren."

„Könnte ja leicht sein, daß das Feuer überspringt, wenn nicht gelöscht wird. Wir müssen sehr auf den Wind achten."

„Lange dürfen wir aber nicht zögern, die Zeit drängt."

„Pst, der Neue hat sich gerührt. Darf man ihm trauen?"

Der Disput geht in Raunen über. Trotzdem kann Marco das meiste verstehen.

„Slavko meint, er wird uns gut unterstützen, zumal er sich hier auskennt. Und wenn man ihn vor der

Aktion zu nötigen Erkundungen ausschickt, wird keiner etwas wittern."

„He, König! Da bist du ja wieder! Wir warten schon auf deine Befehle, wann soll es losgehen?"

„Gemach, gemach! Ich muß vorher noch eine Meldung an die Presse geben. Wasil, du kannst am besten schreiben. Also: ‚Wir klagen die Kroaten des Völkermordes an. Bei ihrer jetzigen Offensive haben sie innerhalb von vierundzwanzig Stunden dreißig schutzlose Dörfer mit serbischer Einwohnermehrheit sinnlos zerstört und die Leute grausam abgeschlachtet'. – Warte, wieviel Dörfer sagte ich? Dreißig? Klingt ein bißchen zu happig. Schreib zwanzig – oder noch besser keine so runde Zahl. Achtzehn reicht!"

„Haben sie, Slavko? Haben sie es getan?"

„Blabla. Unsere Aktion muß ein Vergeltungsschlag sein, verstanden? Gib die Meldung schnellstens durch, wir wollen keine Zeit verlieren."

„Neues erfahren von der politischen Entwicklung, König?"

„Die Europäische Gemeinschaft hat sich wieder eine Zumutung geleistet. Sie will, daß wir den albanischen, ungarischen und muslimischen Minderheiten auf unserem Gebiet Rechte einräumen. So weit käme es noch!"

„Ich glaube, denen muß man massiv deutlich machen, daß ein Serbe nicht mit einem Albaner oder Muslim vergleichbar ist."

„Ganz recht und deshalb: Roter Hahn!"

„Ja, ja, hurra!" schreit die Meute.

Davon muß einer natürlich munter werden. Marco räkelt sich, als sei er soeben erst erwacht.

„Na, mein Junge, ausgeruht und zu Taten bereit?" Slavko hockt sich auf den Pritschenrand.

Marco schaut sich um, sieht ein Dutzend roher Burschen, deren Blicke – und Ohren – sich auf ihn richten. „Ach, Onkel, ich brauchte vielleicht noch einen Tag Ruhe. Vor allem müßte ich mein Bein kurieren. Ich hatte als Kind mal solch einen Bluterguß, den hat Onkel Slobodan ganz speziell behandelt. Ich würde gern zu ihm gehen."

„Kannst du tun. Vorher will ich aber wissen: Können wir auf demselben Weg, den du gekommen bist, deine Mutter herausholen? Ob sie meine Nachricht erhalten hat, weiß ich nicht. Aber mit dir muß es auf Anhieb gelingen. Wir wollen, wenn unsere Aufgabe in Selo erst erfüllt ist, die Front vor Vukovar stützen. Solange Jovana drin ist, bin ich –", er senkt die Stimme, „bin ich gehemmt. Du wirst es kaum glauben, aber es ist so. Wie froh ich bin, daß du gekommen bist! Nun ist alles leichter. Wirst dabei deine Bewährungsprobe ablegen – erst dreizehn Jahre und schon ein Mann! Könnte mir denken, daß du es kaum erwarten kannst, hab' ich recht?"

„Sicher."

„Im Krieg, wie wir ihn führen, ist jede Tat gegen den Feind ein Heldenstück."

„Aber dafür muß ich erst einmal wieder richtig laufen können. Onkel Slobodans Methode war damals sehr erfolgreich. Morgen ist es bestimmt schon viel besser. – Bis bald!"

*

Jovana hat nicht mitgezählt, aber zwanzig Granaten sind es mit Sicherheit, die das Krankenhaus heute getroffen und weiter zerstört haben. Ärzte und Schwestern können den Betrieb unter schwersten Bedingungen aufrechterhalten. An vier Operationstischen wird gearbeitet. Doktor Jelenovic und sein Team, zu dem auch Jovana gehört, operieren seit Stunden – sie wissen nicht, wie lange – ununterbrochen. Was ihnen am meisten Sorge bereitet: Die Narkotika und auch die schmerzstillenden Mittel werden knapp. Viele Verwundete, die eingeliefert werden, sterben schon, ehe sie überhaupt in den Operationssaal – sprich: Keller – kommen.

Seit vierundsiebzig Tagen ist Vukovar jetzt eingekesselt. Wie lange werden sie sich noch halten können?

Jovana hat Stjepan nicht wiedergesehen in den letzten Tagen. Er hat auch keine Nachricht gegeben, ob er etwas von Marco gehört hat. Nicht grübeln! Arbeiten, arbeiten! Fast mechanisch reicht sie Nadeln, Catgut, Tupfer oder was gebraucht wird zu.

Nachdem diese Operation beendet ist, läßt sich der Arzt auf einen Hocker fallen: „Es hilft nichts, wir müssen eine Pause machen."

Jovana würde nichts lieber tun, als sich irgendwo auf den Boden legen und für kurze Zeit wenigstens die Augen zumachen. Früher war „zum Umfallen müde" eine Redensart, mehr nicht. Jetzt weiß sie, was Erschöpfung ist. Aber sie muß diese Pause nutzen. Da liegt Jesica, sechs Jahre alt, fiebernd in ihrem Bett und ruft nach der Mutter. Jovana weiß, daß eine Mine sie zerrissen hat, dieselbe Mine, durch die Jesica ihre linke Hand verlor und schwere Verletzungen im Gesicht und am ganzen Körper erlitt.

Das Kind liegt mit geschlossenen Augen, aber als Jovana zärtlich über das blonde Haar streicht, das der Verband freiläßt, fragt es erwartungsvoll: „Mami?"

„Ich bin's, die Tante Jovana, weißt du?"

Da schauen sie die dunklen Augen groß an.

„Nun, wie geht's meinem kleinen Mädchen?"

„Hast du meine Mami gefunden?" will Jesica wissen.

„Noch nicht, mein Liebes. Hörst du, wie draußen immer noch geschossen wird? Da kann man nicht auf die Straße. Ich warte auch auf meinen Jungen. Er heißt Marco."

„Wo ist er?"

„Ich weiß es nicht. Wir müssen warten."

„Ich habe solche Angst, Tante", schluchzt die Kleine, „und alles tut weh."

Da holt Jovana eine der raren Ampullen Morphin, und nach der Spritze nimmt sie die Kleine in die Arme. „Jesica, wir beide müssen uns sehr liebhaben, dann wird alles wieder gut. Schlaf jetzt, ich schau wieder nach dir. Ich bin immer da, hörst du?"

„Ja", flüstert das Kind.

*

„Onkel Slobodan, du mußt helfen! Slavko will sämtliche Häuser der Kroaten im Dorf verbrennen lassen. Und die Bewohner sollen vorher da hineingesperrt werden."

„Hat er das gesagt?"

„Seine Leute bereiten alles vor. Sie dachten, ich schlafe, darum habe ich alles mit angehört."

„Täuschst du dich auch nicht? Vielleicht hast du nur geträumt? Das ist so ungeheuerlich, daß ich es kaum glauben will."

„Du mußt es glauben. Es gibt keinen Zweifel."

„Wenn mehrere Brandherde sind und wir nur eine Spritze haben, werden alle Häuser brennen. Dann ist ganz Selo ausgelöscht."

„Es wird nicht einmal die eine Spritze da sein, die hat einer schon blockiert."

„Wir müssen die Leute warnen."

„Deshalb komme ich ja zu dir. Falls wir unterwegs Tschetniks begegnen und die Parole brauchen: Heute heißt sie ‚Torschuß' und morgen ‚Der Hahn kräht'.

„Und wie kommst du überhaupt nach Selo?" will Slobodan endlich wissen.

„Ich erzähl's dir später. Jetzt dürfen wir keine Zeit verlieren."

„Laß uns rasch beraten, was wir tun müssen."

Ivan Movrin hält den Rosenkranz in Händen und läßt Perle für Perle durch seine Finger gleiten. Gott möge sich erbarmen über seine leidenden Kinder und die Blindwütigen, die all das Leid verursachen, zur Einsicht bringen.

Schwer lastet auf dem Priester, daß er so gar keinen Einfluß nehmen kann, um das Blutvergießen zu beenden. Seine ihm Anvertrauten hören auf ihn, aber sie sind es in der Tat nicht, denen man Einhalt gebieten muß. Wer will ihnen verübeln, daß sie sich verteidigen, wenn sie angegriffen werden? Angegriffen von solchen, die denselben Gott anrufen und es sogar wagen, ihn um die Unterwerfung ihrer Mitchristen zu bitten.

Mitten in seinem Gebet ein Klopfen. Was will man von ihm? Er darf das Haus nicht verlassen, wie jeder Kroate. Und auch die Serbenfrauen und -kinder ziehen es vor, nicht unnötig hinauszugehen. Wer kann also ein Anliegen haben?

Vor ein paar Tagen verwehrten ihm die Soldaten sogar, zu einem sterbenden Alten zu gehen. Anschließend durfte der dann nicht beerdigt, sondern nur verscharrt werden. Ivan Movrin ging dennoch auf den Friedhof, als er ein paar Männer mit Sarg vom Fenster aus sah. Die Tschetniks trieben ihn mit vorgehaltener Waffe zurück. Nachts schlich er sich trotzdem noch einmal hinaus, um den Segen über dem Erdhügel zu sprechen.

Vielleicht sind es jetzt gar die Schergen, die ihn holen wollen?

Es klopft noch einmal. Nein, so wenig gebieterisch würden es die Besatzer nicht tun. Er öffnet die Tür nun ohne Zögern. Niemand soll sich unwillkommen fühlen und durch die Angst, die er beim Priester feststellen müßte, noch mutloser werden.

Vor der Tür stehen der Serbe Slobodan Matic und ein junger Bursche. Er kennt ihn – aber der Name? Richtig, die Eltern wurden zu ihrer Silberhochzeit hier in der Sankt Peterskirche eingesegnet. Beide schauen sich um, aber offenbar beobachtet sie niemand, als sie hineingehen.

„Gott zum Gruß!" heißt sie Ivan Movrin willkommen. „Was führt euch zu mir?"

„Wir wollen nicht lange Umschweife machen, Hochwürden", beginnt Slobodan. „Mein Bruder ist der Hauptmann der Tschetniks hier, und mein Neffe hat zufällig schreckliche Pläne mit angehört, die schon bald ausgeführt werden sollen. Wir brauchen Sie..."

Und dann läßt er Marco erzählen, was er weiß.

„Daß wir versuchen werden, die Leute heimlich zu warnen", fährt Slobodan fort, „damit sie sich, so gut es geht, schützen, ist klar. Wenn man sich gegen gelegten Brand überhaupt schützen kann. Viel wichtiger wäre aber, Slavko ins Gewissen zu reden. Ich habe keine Macht über ihn. Nur einen wüßte ich, auf den er vielleicht hören würde.

Slavko ist kein frommer Mensch, aber ich weiß, daß er Respekt hat vor der Kirche. Man kann es auch anders sagen: Er hat abergläubische Angst vor einer Strafe des Himmels. Daß eine solche Untat nicht ungestraft bliebe, könnte ihm nur *einer* eindringlich vor Augen stellen. Das ist Seine Ehrwürden, der Pope Raco Radic."

„Hm", sagt der Priester zögernd, „hm!" Dann überlegt er sehr angestrengt. „Raco Radic, ja. Aber wie bekommen wir deinen Bruder zu ihm?"

„Er wird nicht von sich aus hingehen, diese Hoffnung ist wohl vergeblich."

„Was habt ihr also gedacht?"

Slobodan und Marco schweigen ein wenig betreten. Dann rafft sich Marco auf: „Hochwürden, wenn nur ein Junge wie ich kommt und ihn bittet, diese Aufgabe zu übernehmen, wird er mit Recht skeptisch sein. Sobald ich aber ein Schreiben von Ihnen hätte, das ich ihm bringen könnte?"

„Du würdest mit dem Leben spielen, jetzt über Land zu gehen. Ich war einmal in Predgrade, noch ehe die Verhältnisse so schlimm standen wie jetzt. Ich weiß, wie lang und gefährlich dieser Weg sein kann."

„Ich kenne die Parole des Tages, wenn mir ein Tschetnik begegnen sollte."

„Wie willst du Seine Ehrwürden aber hierher bringen? Er ist ein sehr alter Mann..."

„Wäre eine List erlaubt, um das Dorf zu retten? Wir könnten jemand einweihen, der angeblich die letzte Ölung wünscht und der Ehrwürden mit dem Pferdewagen holen läßt, ja? Manch einer, der zu sterben glaubte, lebt dann fröhlich weiter, das wäre nicht das erste Mal. Hochwürden, es geht um das Leben vieler! Sie gehören auch zu denen, die im brennenden Haus umkommen sollen. Stimmen Sie zu?"

„Ich würde ihn nicht alleinlassen", flicht Slobodan ein.

„Könnte ich verantworten, hier nein zu sagen? Der Plan ist nicht schlecht. Den Serben im Dorf ist ja vieles erlaubt, was den Kroaten verboten ist. So auch die Erteilung des Sterbesakraments. Geh mit Gott, mein Sohn!" –

„Onkel Slobodan, wen können wir einweihen?"

„Als du die Idee hattest, dachte ich spontan an den alten Gojko Didovac. Er ist zwar schon vierundachtzig, aber geistig auf der Höhe."

Die beiden müssen ihm nicht allzu genau erklären, um was es geht. Der alte Gojko ist einverstanden.

„Hier ist keine List nötig“, meint er schmunzelnd. „Vorsorge kann in meinem Alter nicht schaden...“

Slavko nutzt den unverhofften Aufenthalt des Geistlichen im Dorf, um ihm im Hause Didovac persönlich seine Ehrerbietung zu erweisen. Nicht ohne den Hintergedanken, er werde durch dessen Segensspruch ungeahnten Auftrieb für seine Kämpfer erfahren.

„Ich bin gewiß, die Mutter Kirche steht hinter uns“, kommt er nach unterwürfiger Begrüßung sogleich zur Sache. „Wenn wir für Serbien kämpfen, dann ist es gleichzeitig auch für sie, die uns so viel bedeutet.“

Der gebrechliche kleine Herr, ein wenig vornüber gebeugt, schaut den Kraftprotz Slavko von unten herauf sehr eindringlich an.

„Mein Sohn, Gott ist gnädig dem, der den Nächsten schützt und vor Schaden bewahrt. Er wird unnachsichtig hart strafen, wer diesem Gebot zuwider handelt. Ich sage dir: Alle, die vorsätzlich an ihren Mitmenschen sündigen, werden es teuer bezahlen, wenn sie nicht Buße tun.“

„Unsere Führung handelt in Gottes Namen, Ehrwürden, das war mir nie anders bekannt.“

„Du wirst in Kürze hören, daß unsere Bischöfe eine Sondersitzung einberufen. Präsident Milosevic von Serbien hat – hör gut zu – kein Mandat, im Namen des Serbentums aufzutreten. Ihm wird der Segen und die Zustimmung der Kirche entzogen. Ich bin gewiß, du ziehst deine Schlüsse daraus und wirst in allem handeln wie ein Christ. Dann darfst du Segen erwarten, nur dann.“

Als Marco und Slobodan den Popen wieder nach Predgrade fahren, bittet er am Ortsausgang, noch am Hause Ivan Movrins zu halten. Er klopft an die Haustür, und der Priester bittet ihn herein.

„Hast du dem Popen die Wahrheit gesagt, Onkel?“

„Ich habe angedeutet, daß mein Bruder scheinbar alle Hemmungen verloren hat und er wohl eines mahnenden Wortes bedürfe. Anscheinend war ihm schon zu Ohren gekommen, daß er die Kroaten wie Geiseln hält. Er sah mich wissend an, da habe ich auch nichts weiter hinzugefügt.“

„Was er wohl von Ivan Movrin will?“ überlegt Marco. Plötzlich entdeckt er etwas: „Schau, Slobodan, Ehrwürden hat vor der Tür etwas verloren. Ich werde es aufheben.“ Marco findet einen kleinen Lederbeutel. Ob der Pope ihn braucht?

Er geht ins Haus hinein. Die Wohnstubentür steht offen, doch beide Geistlichen kehren ihr den Rücken zu. Sie hätten Marco wohl auch nicht bemerkt, wenn es anders gewesen wäre. Der Junge steht und staunt. Da beten beide miteinander um Frieden und Eintracht. Marco will sich ihre Worte einprägen, aber der Eindruck ist so stark, daß er schließlich alles andere darüber vergißt.

Bisher waren Priester und erst recht Popen unnahbare und blasse Gestalten für ihn. Jedenfalls die in Vukovar, und zu den hiesigen hatte er ja gar keine Beziehung. Die Eltern erzählten zwar, daß Ivan Movrin ein aufgeschlossener Priester sei mit einem Herz für die Bedürfnisse seiner Gemeinde. Aber in Vukovar legen die Priester Wert auf respektvolle Distanz. Marco und die Gleichaltrigen wissen gar nichts Persönliches von ihnen. Der Priester im prächtigen Ornat ist ein wandelnder Teil der Sonntagsmesse, der vorgeschriebene Worte betet. So empfindet es der Junge wenigstens.

Marcos Glauben, sein Verhältnis zu Gott, ist geprägt vom Vorbild der Eltern. Sie machen keine großen Worte, ganz selbstverständlich wird das Fragen nach Gottes Weisung bei ihren Entscheidungen sichtbar. Wie man Popen und Priester einzuschätzen hat, darüber ist nie geredet worden. Die politischen Verhältnisse – verbunden mit der strengen Trennung „hier katholisch, dort orthodox" – ließen in ihm die Vorstellung aufkommen, die beiden müßten unweigerlich wie Feuer und Wasser zueinander stehen. Und nun? Vielleicht hat es die beiden geistlichen Herren einiges an Überwindung gekostet, doch sie haben sich überwunden.

Waren es nur diese zwei unter sonst Hunderten? Wir wissen es nicht. Wahrscheinlich ist dieses scheinbar so nebensächliche Ereignis das Größte und Ungewöhnlichste, was in dieser Zeit in Selo, in Slawonien, in ganz Serbien und Kroatien geschah.

5

Freitag, 15. November 1991

Berlin, Brandenburger Tor.

Etwa dreißig Leute sind es, die sich seit einiger Zeit täglich hier treffen zu einer Mahnwache gegen den Krieg in Jugoslawien und zum Gebet für den Frieden. Die meisten von ihnen sind Kroaten, aber auch Serben, Slowenen und zwei aus Mazedonien sind dabei. Sie alle können das Töten und die Zerstörung ihrer Heimat nicht fassen. Sie sind verzweifelt.

Ein großes Schild erklärt, weshalb sie hier auf die Not in ihren Ländern aufmerksam machen. Viele lesen es, einige haben Fragen dazu. Andere spenden spontan Geld und kommen wieder, um zu hören, was getan werden konnte.

Ludi, die junge kroatische Restauratorin, und ihr Mann aus Berlin gehören zu den Initiatoren der Bewegung. Auch Manfred und Erika Lenz sind seit ihrer Rückkehr aus Jugoslawien aktiv dabei. Die

Begegnung mit Marijan und Vilka in Dubrovnik, mit dem Land der Südslawen und seinen Menschen hat sie nachhaltig beeindruckt.

Noch keine Urlaubsreise brachte für sie Auswirkungen wie diese mit sich. Während sonst die Erinnerungen, seien sie noch so schön, mit der Zeit verblassen, werden sie in diesem Kreis vom Leid betroffener Menschen immer neu wachgerufen. Gemeinsam verfolgen sie alle das Geschehen an den verschiedenen Kampfschwerpunkten. Sie werden auch nicht müde, Hilfe zu ersinnen und andere um Beteiligung an ihren Aktionen zu bitten. Am leichtesten war es, die Friedensgruppen in Rijeka mit Material für den Aufbau ihres Senders zu unterstützen. Auch mit Zagreb stehen sie in Verbindung. Viel schwieriger ist es, etwa Dubrovnik zu erreichen.

Aber Manfred hat heute eine gute Nachricht: „Stellt euch vor, ich habe einen Reporter kennengelernt, der dort zum Einsatz kommt und etwas für uns mitnehmen will."

„Großartig! Wenn nur Vilka dann unsere Einladung annähme, mit ihrem Baby hierherzukommen!" freut sich Ludi.

„Erzähle auch, was er von Dubrovnik wußte", bittet Erika.

„Ja, die Berichte lauten, daß für uns kaum vorstellbar ist, was die Menschen dort durchmachen müssen. Fünfzigtausend sind in der Stadt, sie halten sich meist in Kellern auf. Lebensmittel und Medikamente werden immer knapper. Die Elektrizitäts- und Wasserwerke sind vollkommen zerstört. Der Reporter will mit seinen Berichten versuchen, Soforthilfe in viel größerem Ausmaß als bisher zu mobilisieren. Nur so könne Seuchengefahr und Massensterben unter der Zivilbevölkerung gebannt werden, meint er."

Der zwanzigjährige Petar ist einer, der bei keiner Mahnwache fehlt. Seine Eltern sind Kroaten, er ist aber in Deutschland geboren und spricht kaum serbokroatisch. Die Großeltern wohnen in Zagreb. Von ihnen kam ein Brief, fast ein Wunder während dieser Kriegswirren. Großvater ist Rechtsanwalt. Er schreibt, überall in Kroatien herrsche Not und Elend, in den großen Städten natürlich in besonderem Maße. Jeder hoffe auf intensive internationale Hilfe, vor allem durch die EG-Staaten. Die könnten in gewisser Hinsicht etwas wiedergutmachen, was die EG-Staatsmänner auf der diplomatischen Ebene versäumt hätten.

Ludi hat eine Zeitungsmeldung aus Dubrovnik mitgebracht. „Mir tut das Herz weh, wenn ich sie lese", sagt sie. „Hört her: Heftige Gefechte toben um Dubrovnik. Das Hotel Argentina, in dem sich noch Beobachter der EG aufhalten, wurde wieder schwer getroffen. Auch die historische Altstadt lag unter Artilleriebeschuß. Die komplette Zerstörung der einzigartigen Kunstdenkmäler durch Granaten und Raketenhagel dürfte kaum verhindert werden können, wenn es nicht gelingt, dem Milosevic-Regime Einhalt zu gebieten... Wißt ihr, daß ich heulen möchte?"

Die jungen Leute bilden einen Kreis um die Kerzen, die sie angezündet haben. Einer stimmt an, und die anderen fallen ein – es klingt verhalten zuversichtlich: „Herr, erbarme dich!"

Selo.

Slavko Matic läßt nur zwei seiner Männer – zwei mit kranken Füßen – zurück, als sie gemeinsam ausziehen, um in den Kampf um Vukovar einzugreifen. Er und viele andere – wie haßblind sie auch sein mögen – müssen im Innern zugeben: Die Stadt hat sich als eine Bastion entschlossener Kämpfer erwiesen. Wie lange sie der deutlichen Übermacht schon standhält, das nötigt einem einfach Achtung ab. Auch Slavko muß das zähneknirschend zugeben. Aber daß bloß niemand auf die Idee käme, so etwas laut zu äußern! Slavko wäre der erste, ihn ans Messer zu liefern! Ein Serbe hat verachtend von den Feinden zu reden.

Slavko hätte noch immer gezögert, sich am Kampf um Vukovar zu beteiligen. Doch nachdem er das „große Vorhaben", das er seinen Männern so schmackhaft gemacht hatte, mit geheimnisvollen Begründungen hatte abblasen lassen, waren ihm jegliche Ausflüchte genommen.

„Hast du schon gemerkt, die Tschetniks scheinen alle fort zu sein", kommt Jovan Petrovic – immer noch vorsichtig nach allen Seiten spähend – zu Mihajlo Pavlovic.

„Ja, Jovan, der Himmel hat sich über uns erbarmt. Anders ist es nicht zu erklären."

„Bist du sicher, daß es nicht ein Trick ist? Womöglich will man uns nur eine Falle stellen? Ich kann mir nicht denken, daß sie uns nach all den Schikanen so mir nichts, dir nichts wieder freigeben."

„Wir sollten zu Slobodan Matic gehen und ihn fragen. Ich weiß, er war in letzter Zeit mit vielem nicht einverstanden, was sein Bruder tat."

„Vorhin war Zvonimir Kocian, der Wirt, bei mir. Er erzählte, daß uns allen Schlimmes, ja das sichere Ende zugedacht war. Der alte Gojko Didovac muß geplaudert haben. Er hat auch einen Jungen erwähnt, dem wir die Bewahrung zu verdanken hätten. Weißt du etwas? Er soll mit Slobodan gemeinsam gehandelt haben. Aber der hat doch keine Familie! Wer sollte das also gewesen sein?"

Mihajlo horcht auf. „Hat Gojko den Burschen gesehen?"

„Er wußte nur, daß es ein großer und kräftiger Blonder war, mehr nicht."

„Dann war es Marco. Und ich bin fast vergangen vor Sorge um ihn. Gleich muß ich zu Slobodan, ob er noch dort ist."

„Das glaube ich nicht. Der hat nämlich bei Gojko nach ihm gefragt..."

Mihajlo hat sich schwere Vorwürfe gemacht. Er hätte Olga hinauswerfen sollen, um Marcos Flucht aus seinem Haus zu verhindern! Doch die Frau hätte dann sicherlich auf andere Weise Schlimmes angerichtet.

Hätte – was soll es! Sie lebt jetzt Tag und Nacht in der Wohnstube, er hält sich tagsüber in der Küche auf. Sie reden kaum mehr miteinander. Sicherlich gut, daß Jovan ihn im Hof antraf und sie hier unbelauscht reden können. Allein die genannten Namen würden Olga aufheizen.

Der Großvater ist froh, eine Spur von Marco zu haben. Aber wo mag er jetzt sein, in welcher Gefahr vielleicht?

Er hat keine Zeit, länger darüber nachzudenken.

Auf der Straße, nicht weit von seinem Hoftor, kommen immer mehr Leute zusammen, Kroaten und Serben. Jovan und er gesellen sich neugierig zu ihnen. Da ist etwas vorgefallen, das die Menschen in Panik versetzt, und der Schreck lähmt jeden, der es hört: Wasil Serovic – er ist Serbe – hat vom Fenster aus ein Düsenflugzeug der Bundesluftwaffe beobachtet, das Flüssigkeit über den erntereifen Maisfeldern abließ. Er dachte an Treibstoff, aber als er hinausging, fand er alles mit spinnwebartigen Fäden verklebt. Ist es Gift? Sind es chemische oder bakteriologische Kampfstoffe? Wenn nun ihre Felder verseucht sind, ihrer aller Felder! Schreckt die Armee vor nichts mehr zurück? Sie diskutieren noch lautstark, als ein Fremder mit einem Personenauto nach Selo hereinkommt. Jetzt, wo kaum jemand Treibstoff hat?

„Ich brauche ein Quartier", sagt er freundlich. Er spricht das Serbokroatische mit ausländischem Akzent. Etwa ein leichtsinniger Tourist in dieser unsicheren Zeit, hier, wo die Front so nahe ist? Wer will ihnen verübeln, daß sie argwöhnisch sind!

Weil er das mißtrauische Zögern merkt, zeigt er seinen österreichischen Paß. Er gehöre der Pan-Europa-Bewegung seines Landes an und sei als Beobachter hier, sagt er.

„Wollen Sie bei Serben oder Kroaten wohnen?" stellt Jovan Petrovic die heikle Frage.

„Das ist für mich kein Kriterium", gibt er zur Antwort, und sein offener Blick, ja seine ganze Art werben um Vertrauen.

„Wir zeigen Ihnen am besten den Gasthof", sagt Wasil Serovic.

Als der Fremde schon gehen will, faßt sich Mihajlo ein Herz: „Darf man wissen, was Sie beobachten wollen?“

„Es gibt vielerlei Arten von Waffen, die Unheil anrichten können. Ich werde morgen zum Beispiel auf die Felder hinausgehen ...“

„Wegen des Giftes?“ fragen gleich mehrere wie aus einem Munde, und Wasil zeigt ihm den klebrigen Maiskolben, den er mitgebracht hat.

„Ihr dürft beruhigt sein, es ist kein Gift. Ich habe es bereits im Labor untersuchen lassen, denn vorgestern habe ich selbst einen solchen ‚Guß‘ abbekommen. Meine Kleidung hat geklebt wie dieser Maiskolben.“

„Was ist es denn, wenn kein Gift?“

„Es sind polymere Verbindungen, die als Trägersubstanz für chemische und bakteriologische Kampfstoffe geeignet sind. Solche konnten aber nicht festgestellt werden. Nochmal: Macht euch keine Sorgen.“

„Wir verstehen Fremdworte nicht, aber doch soviel, daß das Zeug mit Gift genauso aussehen würde. Warum also diese Täuschung?“

Der Fremde zögert einen Augenblick mit der Antwort. Wie soll er es am besten formulieren? Er kennt die Menschen nicht und will niemand nahetreten.

„Man kann auch Krieg führen, indem man die Bevölkerung einschüchtert“, sagt er, „es ist bitter ...“

„Und wenn es beim nächsten Mal nicht nur ein *scheinbares* Verseuchen ist?“ Wasil fragt mit sorgenvoller Miene. Er als Serbe ist über diese Wende der Ereignisse so deprimiert, daß er es nicht verbergen kann. Keine Schonung mehr für die eigenen Leute, die Trennlinie verschwindet!

„Meine Aufgabe ist, jedem Verdacht nachzugehen und für Untersuchungen zu sorgen", sagt der Österreicher. „Wollen wir hoffen, daß ihr bald zum Ernten auf die Felder könnt..."

Sie wissen nicht, was die Pan-Europa-Bewegung für Ziele hat, vielleicht erklärt er ihnen das später noch. Augenblicklich mögen sie nicht danach fragen. Nach den Schrecken der letzten Tage ist jeder dankbar, daß einer da ist, der ihnen helfen will.

*

Die jugoslawische Nachrichtenagentur *Tanjug* in Belgrad meldet aus der seit nun vierundachtzig Tagen belagerten Stadt Vukovar blutige Straßenkämpfe. Die kroatischen Truppen werden dabei auf immer engeren Raum zusammengedrängt. Gestern vormittag trat die Bundesarmee zu einem Generalangriff auf das Stadtzentrum an, der jedoch nach zehn Stunden wieder abgebrochen wurde. Obwohl sich unter den Verteidigern immer stärkere Erschöpfung breitmacht, konnten sie die Übermacht noch einmal abwehren. Sie wollen nicht kapitulieren.

„Nein, wir geben nicht auf", sagt Stjepan. Sie haben ihre Tunnelstellung verlassen müssen und sich in dem hügeligen Gelände am südöstlichen Stadtrand verschanzt. Hier wohnte er früher mit seiner Familie. Von den Häusern längs der Titostraße stehen noch zwei, die notdürftig Schutz gegen das Wetter bieten. Die Stellung ist günstig gelegen. Im Zentrum dagegen werden die Verteidiger bald so eng umklammert sein, daß es kein Entrinnen gibt.

Sie haben große Verluste hinnehmen müssen. Momir Mitic und Stjepan bilden jetzt zusammen mit einem Funker den „Stab" in ihrer geschrumpften Einheit, wenn man diese Bezeichnung noch anwenden kann. Ihnen oblag die Entscheidung, wohin sie sich mit den verbliebenen zwanzig Mann und der Geschützbatterie, für die noch Munition vorhanden ist, zurückziehen sollten. Hier kennen sie sich sehr genau aus, und das Gelände bietet für den schlimmsten Fall immer noch Schlupfwinkel.

Der dreizehnte Waffenstillstand ist inzwischen vereinbart. Immer wieder haben sie Hoffnungen auf solche Abkommen gesetzt, obwohl sie ein dutzendmal erlebten, daß schon bei Ausruf des Stillstands wieder Schüsse hallten.

Stjepan und das Häuflein Soldaten um ihn werden kämpfen, bis man sie einzeln überwältigt. Er kann es einfach nicht fassen, daß von außen keine Hilfe kam, daß der immer wieder besprochene Friedensplan der EG die Sache nicht zu einem anderen Ausgang brachte. Gibt es denn in der heutigen Welt keine Mittel, die Aggressionsgelüste eines Despoten zu stoppen?

Slobodan Milosevic, der Präsident Serbiens, strebt nach Vergrößerung seiner Macht, selbst wenn das Land dabei zugrundegeht. Es sei Serbiens heilige Pflicht, alle Landsleute unter seine eigenen Fittiche zu nehmen, selbst wenn gewaltsam die Landkarte verändert werden müsse. „Den Lauf der Dinge bestimmen wir", sagte er, „und Grenzen werden stets von den Starken gezogen, nicht von den Schwachen." Wie wird das alles enden?

Über die in der vergangenen Woche begonnene kroatische Offensive in Slawonien gibt es keine Informationen mehr. Zagreb hat eine Nachrichtensperre verhängt. Sicherlich ist sie der Sache dienlich, aber für die verzweifelt sich Wehrenden bedeutet sie, daß auch von da kein Hoffnungsschimmer kommt. Die kroatischen Sender meldeten nur die überraschende Forderung der Serben nach Entsendung von Friedenstruppen der Vereinten Nationen in die besetzten Gebiete Kroatiens. Eine politische List! Sie wollen damit ihre Gebietsansprüche absichern.

Momir Mitic ist wortkarger und schwerfälliger geworden, seit er vom Tod seines Sohnes erfuhr. Ihm ist bewußt, daß er nicht mehr den Elan einbringt, der ihn jetzt einzig und allein noch motivieren könnte, auf dem fast verlorenen Posten auszuharren.

Als er heute an Stjepan Müdigkeit feststellt, sagt er: „Du darfst nicht auch noch nachlassen, deine Söhne leben ja."

„Wer kann das wissen?"

„Dein Inneres muß es dir sagen."

„Bei allem, was ich tue und denke, schlägt mein Herz im Takt von zwei Silben: Mar – co, Mar – co ... Ich müßte mir um meine anderen Kinder ebensolche Sorgen machen. Aber an Marco fühle ich mich schuldig. Hätte ich nicht spüren müssen, was in ihm vorging? Wir haben ihn wie einen Erwachsenen behandelt. Das war nicht recht. Jovana und ich hatten beide keine Zeit für ihn, überließen ihn sich selbst. Wir hätten ihn zu Großvater schicken sollen, ehe der Belagerungsring geschlossen wurde ..."

„Quäl dich nicht mit Vorwürfen, Stjepan. Niemand

hat gewußt, was auf uns zukommt. Schier Übermenschliches hat dieser Krieg uns abverlangt. So ein Leben, das kaum noch einem persönlichen Gedanken Raum läßt, haben wir nicht gesucht und nicht verschuldet."

„Das spricht uns nicht frei von Verantwortung."

„Marco war selbstbewußt und konnte die Dinge einschätzen. Er fühlte sich gewiß nicht allein gelassen."

„Da bin ich nicht sicher, und nicht allein vor ihm habe ich mich zu verantworten, sondern vor Gott."

„Wo ist Gott in diesem Gemetzel, in dem beide Seiten ihn um Sieg anrufen? Wie oft habe ich mich das schon gefragt seit Dusans Tod. Er handelt durch Menschen. Müßten es nicht zuerst die sein, die ihm sozusagen hauptberuflich dienen? Wo bleiben aber die Stimmen der Kirchenfürsten, die Einfluß nehmen könnten?"

„Ach, Momir, auch die sind keine Engel, sie versagen wie du und ich. Wie oft haben wir Gott wohl schon Schande gemacht..."

„Du hast recht, wir alle haben seine Vergebung nötig."

„Ja, Momir, daran müssen wir uns aufrichten..."

In diesem Augenblick schlagen Granaten in die Stellung ein. Die Abwehr herandrängender Serben erfordert blitzschnelles Handeln.

„Nein, wir geben nicht auf, solange wir auch noch eine einzige Patrone haben!" schreit Momir mit neuer Energie in den Lärm der einschlagenden Geschosse. Sein Mut überträgt sich scheinbar, denn die Maschinengewehre knattern, als seien hier ein paar Hundert noch auf dem Posten. Die Serben – es sind offensichtlich Freischärler – weichen zurück, Stjepans Leute dringen vor, können sogar Granatwerfer erbeuten. Eine halbe Stunde hat der Angriff gedauert, sie haben ihn abgewehrt. Neue Hoffnung, aber keine Illusionen. Mögen die anderen hier auch ein großes Widerstandsnest vermuten – *sie* wissen, wie es aussieht.

Deprimiert und schockiert ziehen sich die Tschetniks in ihre Ausgangsstellung vor der Stadt zurück. Sie hatten kaum mehr mit Widerstand gerechnet. Ihren Beobachtungen und auch Meldungen der Armee zufolge hielten sich die Kroaten nur noch im Zentrum. Das gab die Armee offiziell als Grund für den Abbruch ihres Großangriffs an.

Slavko hatte seinen Leuten befohlen, zum Krankenhaus vorzudringen und es als erstes zu besetzen. Dort wollte er als triumphaler Sieger einziehen! Warum es gerade das Krankenhaus sein mußte und warum *er* nicht selbst diesen Einsatz leitete, verschwieg er.

Der Junge, den er in Selo zu einem der Ihren erklärt hatte und den er tatsächlich bis hierher mitgenommen hatte, war dabei.

Dieser Grünling, dem er nach einem Probeschießen angebliche sensationelle Treffsicherheit bescheinigte und dem er dann die beste Maschinenpistole in den Arm drückte, sollte ihnen den Weg zeigen. Aber kaum hatten sie den ersten Straßenzug erreicht, war er verschwunden. Was wird ihr „König" nun sagen, wenn sie als Unterlegene und ohne ihn zurückkommen?

Marco kann sich in einer Ruine verbergen und zurückbleiben. Endlich ist es ihm gelungen: loszukommen von dem Onkel, den er verachtet, und los von dessen Leuten, die ihm hörig sind.

Er brauchte sie, um auf möglichst ungefährliche Weise wieder hierher zu kommen. Nachdem, was er erlebte, hatte er nur ein Ziel: zurück nach Vukovar. Sein Platz ist an Vaters Seite!

Was soll's, daß man ihn hier Bastard genannt hat. Es geht um Recht und Unrecht.

Slavko war so sicher, Marco auf seiner Seite und für seine Pläne verfügbar zu haben. Er schöpfte nicht einmal Verdacht, der Junge könne die Hände im Spiel gehabt haben, als sein „großer Plan" scheiterte. Daß der alte Gojko Verlangen nach dem Popen hatte, erschien ihm offenbar nicht abwegig. Nach dem Gespräch mit dem Geistlichen lag ihm allerdings sehr daran, daß niemand mehr die Angelegenheit erwähnte...

War es eine „göttliche Fügung", daß Marco zur rechten Zeit von dem Plan hörte und zur Vereitelung beitragen konnte? Die Eltern glaubten manchmal in ihrem Leben eine solche zu erkennen, aber er hatte sich noch niemals darüber Gedanken gemacht.

„Du mußt dich durchschlagen zum Krankenhaus, Marco", hatte Slavko gleich nach ihrer Ankunft hier verlangt. „Die letzten Stunden im Endkampf werden die schlimmsten sein, da die Ustaschen keine Vernunft annehmen. Eins steht fest: Auf alle, die gefangen werden, wartet ein schlimmes Los. Ob wir deine Mutter jetzt noch herausbekommen, weiß ich nicht. Sie darf sich aber auf keinen Fall evakuieren lassen, womöglich mit Patienten. Ich weiß von maßgebender Stelle, daß sie auf serbisches Gebiet jenseits der Donau gebracht werden sollen. Dort warten schon Mörderbanden darauf, sie zu töten. Sag deiner Mutter, daß sie unbedingt bleiben soll, bis ich komme ..."

Marco macht sich auf den Weg. Zuerst sucht er die Tunnelstellung, in der er den Vater noch vermutet. Sie ist jedoch schon in der Hand des Gegners. Zum Krankenhaus gibt es kein Durchkommen.

Er hat gelernt, sich zwischen den Fronten zu bewegen. Wäre er einem Kroaten begegnet, hätte er sich zu erkennen gegeben als Stjepans Sohn. Bei den Serben konnte er stets mit der Parole aufwarten. Heute heißt sie „Großserbien". Auf beiden Seiten kann er schließlich ohne Lüge sagen: Ich bin einer von euch. *Einen* Vorteil muß der Bastard schließlich haben, denkt er grimmig.

Als Marco die Luft rein wähnt, versucht er sich weiterzupirschen. Flüchtig kommt ihm die Erinnerung an jenen ersten Tag der Belagerung, als er von einem Haus zum andern springend sich auf den Weg ins Krankenhaus zur Mutter machte. Damals waren es noch Häuser, heute gibt es nur noch gespenstische Ruinen – zerbombt, zerschossen oder ausgebrannt – und dazwischen Trümmerhaufen.

Das Ausmaß der Zerstörung nimmt mit jedem Straßenzug zu. Verendete Schweine, Hühner und Hunde liegen am Straßenrand, die Kadaver teils schon aufgedunsen oder auch von Panzerketten plattgewalzt. Dazwischen leere Geschoßhülsen und Munitionskisten, ausgebrannte Autos und Panzer, ein russischer T-72 auch. Süßlicher Verwesungsgeruch dringt in die Nase.

Seit die Tschetniks fort sind, sieht er keinen Menschen mehr ringsum. Vukovar, eine Geisterstadt! Viele Menschen haben sich in den Kellern verkrochen, ein paar Hundert sind ins Krankenhaus geflüchtet – in der Hoffnung, dort Schutz zu finden. Wenn sie wüßten, daß es nun zum Hauptangriffsziel erklärt wurde!

Im Zentrum tobt hörbar der Kampf. Hier in seiner Nähe gibt es nur hin und wieder Detonationen. Gerade wieder eine in ziemlicher Nähe. Slavko hat vor Minen gewarnt. Womöglich wird gerade ein Mensch zerrissen, der wie ein Schatten vorwärtskommen wollte, so wie er? Kann auch sein, es erwischte einen streunenden Hund.

Marco weiß, in welcher Gefahr er schwebt bei jedem Schritt. Aber er will sich doch nicht aufhalten lassen bei der Suche nach denen, die die Tschetniks in die Flucht schlugen. Sie können nicht allzu weit entfernt sein!

Hier muß er in der zweiten Parallele zur Titostraße sein, er ist sich ziemlich sicher, obwohl Orientierungsmerkmale rar sind. Als er um die Ecke biegt, bekommt er einen Schreck: Da sitzt einer auf den zerstörten Stufen vor einem Hauseingang. Er trägt Armeeuniform. Marco bringt die Maschinenpistole instinktiv in Anschlag.

Der andere winkt müde ab. Ein junger Mann ist's, vielleicht gerade zwanzig. „Mir tust du nur einen Gefallen, wenn du mich erschießt", stöhnt er.

„Bist du verwundet?" fragt Marco erschrocken.

„Schlimmer", schluchzt er. „Geh dort hinein. Da liegen meine Eltern und beide kleinen Brüder, alle schon halb verwest. Ich bin freiwillig in diesen Krieg gegangen und mußte in die Stadt hinein schießen. Vielleicht war es gerade mein Geschoß ... Ich will nicht mehr leben, denn nie kann ich den Anblick vergessen." Er weint hemmungslos.

„Ich muß weiter", sagt Marco, mehr zu sich selbst. „Ich muß zusehen, ob ich meine Eltern finden kann."

Sein Herz krampft sich zusammen. Er hat den Gedanken, sie könnten tot sein, bis jetzt unterdrückt. Durch diese Begegnung ist die Angst jedoch übermächtig geworden. Er muß zu den Leuten von der Garde, vielleicht weiß jemand, wo Vater ist. Und vielleicht hat der eine Nachricht von Mutter ... Marco rennt jetzt förmlich in die Richtung, woher die Abwehr kam. Da springt ihm einer mit erhobener Waffe in den Weg: „Halt, oder – "

Dann ein Aufschrei: „Marco!" Stjepan zieht seinen Sohn hinter die dürftig schützende Mauer.

*

Dubrovnik.

Sie tun nebeneinander ihren Dienst – der Serbe, der Serbokroate und der „reinrassige" Kroate, wie sie scherzhaft sagen. Es sind Marijan, sein Schwager Milan und Budimir, der zusammen mit ihm von Locrum aus flüchtete. Seine Ferse schmerzt immer wieder einmal, zuzeiten lahmt er sogar ein wenig. Aber er weiß, er kann sich glücklich schätzen, daß ihre Flucht gelungen ist. Milan und er sind froh, jetzt auf der richtigen Seite mit gutem Gewissen kämpfen zu können. Kommen sie dabei um, so kommen sie um. Sie setzen sich rückhaltlos ein. Der Tod lauert auf beiden Seiten und hat sich schon manch einen geholt. Sie haben ihn stets vor Augen und hoffen doch, daß er sie übersieht.

Ihre Geschütze auf der nördlichen Stadtmauer sind auf die Stellungen der Armee gerichtet, die ständig die Altstadt unter Beschuß hält. Die drei zielen ehrgeizig genau, jeder Treffer setzt Waffen der Angreifer außer Gefecht. Es sind nicht nur landgestützte Waffen, die auf sie zielen. Von ihren Kriegsschiffen aus greifen die Serben vor allem den Hafen Gruz massiv an. Außerdem sind eine große Zahl Kampfhubschrauber und Flugzeuge im Einsatz. Rücksichtslos wird die Altstadt zerstört. Dubrovnik steht in Rauch und Flammen.

Die drei jungen Leute verfolgen wie alle ihre Kameraden reihum die Rundfunkmeldungen. Budi bringt gerade die neuesten: Die Armee lasse „die Reiter der Apokalypse" – wie es im Bericht hieß – auf das belagerte Vukovar los. Kroatische Truppen gingen aber in Slawonien noch einmal zur Offensive über und lieferten dem Gegner erbitterte Gefechte ...

Ach, Vukovar ... Sie sprechen den Namen nur selten aus, wie überhaupt wenig Zeit und Gelegenheit für Worte bleibt. Aber ihre Gedanken wandern oft zu ihren Familien in der Heimat. Die Nachricht birgt wieder ein Quentchen Hoffnung: Ob noch ein Wunder geschieht? Sie werden hier jedenfalls das Ihre tun, damit die Aggressoren kein leichtes Spiel haben.

„Noch zwei Stunden“, sagt Marijan, „dann werden wir abgelöst. Höchste Zeit, daß ich nach Vilka sehe.“

„Dann kannst du alles vorbereiten, um sie zur Fähre zu bringen“, stößt Budimir ihn an.

„Zu welcher Fähre?“

„Die *Slawija* ist unterwegs, um Frauen und Kinder herauszuholen. Ich habe eben die Meldung gehört.“

„Unter diesem Hafenbeschuß kommt sie nur als Wrack an, wenn überhaupt.“

„Für die Zeit dieser humanitären Maßnahme sollen die Waffen angeblich schweigen.“

„Wer soll das glauben!“

„Nimm's trotzdem als Lichtblick. Es wäre ungeahntes Glück, wenn Vilka mit hinauskäme“, meint Milan.

„Es wäre mehr als nur Glück, nämlich eine Gebetserhörung. Vilka hat fest daran geglaubt, ich konnte es nicht. Nun wollen wir sehen.“

Vilka und Vera hausen wie alle übrigen Einwohner fast nur noch im Keller. Manchmal will der Mut sinken, dann ist es meistens Vilka, die den depressiven Menschen wieder aufhilft. Sie versucht es wenigstens. Ohne viel zu reden gibt sie einfach ein Beispiel. Sie hat ebensowenig Nahrung wie alle und müßte doch „für zwei“ essen.

„Haben Sie keine Angst, daß der Mangel Ihrem Kind schadet?“ fragt die immer noch wohlbeleibte Julia, eine Frau in den hohen Sechzigern.

„Bis heute fühle ich mich nicht schlecht“, gibt sie zur Antwort, und man nimmt es ihr ab. Optimismus nur zur Schau stellen, wenn er nicht aus dem Innersten kommt, gelingt wohl niemand mehr nach dieser langen Entbehrungszeit.

„Möchte wissen, wo Sie das hernehmen“, schüttelt Julia den Kopf.

Vilka braucht die Antwort nicht lange zu überlegen. „Es ist das, was meine Eltern mir mitgegeben haben. Alles andere, die ganze Aussteuer, ist nicht zu retten. Nur das Wissen, Gott verläßt uns nicht, bleibt mir.“

„Ich wünsche mir nur, Sie sprechen auch in ein paar Tagen noch so, wenn das Kind erst da ist. Wie soll es denn überleben? Kein Tropfen Wasser, und hier im Keller ...“

Vera, die sich in letzter Zeit eng an Vilka angeschlossen hat, antwortet an ihrer Stelle: „Sie hat Gott um Hilfe gebeten, nun werden wir sehen, was geschieht.“

Vilka fühlt sich in ihrer Haltung bestärkt, seit Milan die Flucht von der Armee gelungen ist. Wie hatte sie für ihn gebetet, ohne zu ahnen, wie nahe er war. Nie wird sie den Augenblick vergessen, als er da mit Budimir vor ihrer Tür stand. Daß die beiden nun mit Marijan zusammen im Einsatz sind, ist ein Extrageschenk des Himmels. So sieht sie es wenigstens.

Wenn sie an ihr Kind denkt, ist ihr die Problematik wohl bewußt. Doch was hilft es, sich mit Sorgen kaputtzumachen? Sie kann nur durchhalten, wenn sie fest an das Wunder glaubt. Diese Zuversicht ist genauso ein Geschenk, das weiß sie.

Es ist Julia, die aufgeregt die Treppe herunterkommt, so schnell ihre Fülle es nur zuläßt.

„Hoffentlich ist es wahr: Eine Fähre soll unterwegs sein und Frauen und Kinder mitnehmen ...“

„Woher haben Sie die Nachricht?“

„Einfach von der Straße, als ich aus dem Haus schaute. Ich sah eine Menge Leute, die sich schon auf den Weg zum Hafen machen. Die Schießerei hat auch merklich nachgelassen, nicht wahr? – Wenn ich nicht irre, kam da Ihr Bruder auf unser Haus zu …"

Julia hat ihn richtig erkannt, und Milan macht keine Umschweife. „Rasch, nimm nur das Nötigste. Die *Slawija* hat Platz für achthundert, mehr nicht. Ich bringe dich hin."

„Warum ist Marijan nicht gekommen? Werdet ihr nicht zur gleichen Zeit abgelöst?" Und weil Milan mit der Antwort zögert: „Ist etwas passiert? Sag doch!"

„Auf dem Weg hierher hat uns eine einstürzende Mauer getroffen. Marijan ist verletzt. Budi ist bei ihm. Wir können keine Zeit verlieren."

„Wo ist er verletzt?"

„Am Kopf, Vilka."

„Schwer?"

„Wahrscheinlich. Ich werde mich sofort darum kümmern, wenn du erst in Sicherheit bist. Verzeih, daß ich so kurz angebunden bin, die Zeit drängt."

„Ich gehe nicht fort. Jetzt gehöre ich zu Marijan, bring mich bitte zu ihm."

„Du hilfst ihm am meisten, wenn er dich und das Kind außer Gefahr weiß. Bitte sei vernünftig, das bist du dem Baby schuldig. Komm, jede Minute kann ausschlaggebend sein."

Milan muß alle Überzeugungskunst aufbieten, ehe seine Schwester endlich zustimmt. Vera, Julia und die anderen Hausleute sind inzwischen vorausgeeilt.

Etwa tausend Menschen drängen sich vor der Gangway und fiebern, ob sie noch aufs Schiff dürfen.

Zwölfhundert hat die *Slawija* bereits an Bord, um die Hälfte mehr als zulässig. Die Wartenden werden auf später vertröstet. Später, vielleicht, kommt noch eine andere Fähre.

Da drängt sich Milan durch die Menge und spricht mit der Wache. Kopfschütteln. Nein, unmöglich, wirklich ... Milan läßt nicht nach, er beschwört den Mann: „Jede Stunde kann das Kind geboren werden. Sie kann nicht auf eine spätere Gelegenheit warten! Habt doch ein Einsehen!"

Als letzte geht sie hinauf, schweren Schrittes, mit gesenktem Haupt. Und ist schließlich doch nicht die allerletzte. Zwei Krankenwagen kommen mit Blaulicht, als die Fähre schon zum Ablegen bereitgemacht wird. Drei Tragen werden hinaufgebracht.

Vilka steht an der Reling und schaut zurück auf die Stadt, in der sie glücklich war, bis der unheilvolle Bürgerkrieg begann. Sie blickt auf die Stätten, an denen sie gearbeitet hat, immer bedacht, ihr bestes zu geben, damit Dubrovnik ein Kleinod bliebe. Kann Europa den drohenden Untergang einer der architektonisch schönsten Hafenstädte des Mittelmeeres ignorieren?

Doch was ist dieser unermeßliche Schaden im Vergleich zum Leid der gepeinigten Einwohner? Vilka sieht die Menge am Kai, die sich nur zögernd zurückzieht, enttäuscht, mit schwindender letzter Hoffnung. Irgendwo, vielleicht bei einem Sanitätsposten, vielleicht auch im Krankenhaus – wer weiß, ob sie dort noch Platz haben – liegt ihr Marijan. Wie gefährlich mag die Verletzung sein? Klar, daß Milan eher untertrieben hat. Wird sie ihren Mann je wiedersehen? Wird ihr Kind, wenn es aufwächst, einen Vater haben? Ungewollt laufen ihr die Tränen über die Wangen. Sie fühlt sich ausgebrannt, verlassen. Herrgott, nun hast du mich hinausgebracht, konnte es nicht ein erlösender, heller Augenblick werden?

Nicht weit von Vilka stehen die letzten sechs Beobachter der Europäischen Gemeinschaft, die von ihren niederländischen Vorgesetzten Weisung erhielten, sich in Sicherheit zu bringen. Sie waren bis jetzt im Hotel Argentina geblieben, obwohl es beschädigt war. Inzwischen ist es durch weiteren Beschuß einsturzgefährdet.

Auch der kleine malerische Hafen der Altstadt und der große, in dem sie jetzt liegen, werden immer mehr in das Kampfgeschehen einbezogen. Wer weiß, ob andere Schiffe in ein paar Tagen hier noch anlegen können. Ein Glück, daß die vereinbarte Feuerpause bisher nicht gebrochen wurde! Aber man darf sicher sein, sobald die *Slawija* außer Sichtweite ist, setzt der Sturm der Vernichtung wieder ein.

Die Beobachter zeigen großen Respekt vor der Stadtbevölkerung. Die große Mehrheit hat trotz der ihr auferlegten Opfer und der Todesgefahr Verständnis gehabt, daß die sie verteidigende Nationalgarde es ablehnte, die weiße Flagge zu hissen.

Die *Slawija* hat sich südwärts gewendet, obwohl Rijeka im Norden Kroatiens ihr erklärtes Ziel ist. Sie nimmt zunächst Kurs auf den montenegrinischen Hafen Zelenika, wo sie von der Armee durchsucht werden soll.

Einer der EG-Vertreter hat Vilka beobachtet, wie sie da als einzelne auf Bitten eines Soldaten noch heraufgelassen wurde. Wie mag ihr Schicksal aussehen? Sie steht da und weint – um die Stadt gewiß, um Angehörige vielleicht und sicherlich zu Recht um die Zukunft ihres Kindes, das in ein Chaos hineingeboren wird.

Kurze Zeit später fängt er sie erschrocken in seinen Armen auf, als sie unter den ersten Wehen zusammenbricht.

6

18. November 1991

Vukovar.

In den gestrigen Abendstunden neigte sich die Schlacht um die seit sechsundachtzig Tagen belagerte kroatische Festung ihrem Ende zu. Schwere Wolken verhüllten den Himmel über dem Ort, tränengleich tropfte kalter Regen.

Als habe man nie einen Waffenstillstand vereinbart, holten die Einheiten der jugoslawischen Armee zum endlichen Todesstoß aus: Das Stadtzentrum wurde bei Einbruch der Dunkelheit besetzt. Jetzt schweigen weitgehend die Waffen. Was man noch hört, ist dumpfer Gefechtslärm aus dem Gebiet westlich der Stadt. Osijek ist das nächste Hauptziel der Serben.

Der Fall der Stadt Vukovar ist zwar der Höhepunkt, aber wohl noch lange nicht das Ende eines ungleichen Ringens. Dieses Ende wird es vielleicht niemals wirklich geben, wenn der unerklärte Krieg um Jugoslawien in einen Partisanenkampf übergeht, der auch von Friedenstruppen nicht ganz zu unterbinden ist.

Zeitweise macht sich Grabesstille in der Stadt breit. Sie scheint zu bedeuten, daß kein einziger der Verteidiger sich mehr wehrt. Doch das täuscht. Wie es in einer inoffiziellen Meldung heißt, haben sich „vereinzelte kroatische Truppen in ein Wohnviertel auf einem Hügel im Südosten der Stadt zurückgezogen und dort verschanzt". Gemeint ist Stjepan Pavlovic mit seinen Leuten.

Er hat sie zusammengerufen. „Jungs", sagt er, denn es sind fast alles junge Menschen, die er um sich hat, „Jungs, ihr habt soviel Tapferkeit bewiesen. Jetzt ist unsere Munition bis auf einen Rest verbraucht. Ihr dürft nicht in eine unwürdige Gefangenschaft geraten, doch die droht uns, wenn wir hier verharren. Ich werde die Stellung als Deckung für euch halten, während Marco euch einen Weg in die Freiheit zeigt. Er hat sich während der Belagerung hinausgepirscht und ist wieder hereingekommen, er kennt die Schlupflöcher.

Widersprecht nicht, geht im Schutze der Dunkelheit. Ihr seid es unserem Land schuldig, daß ihr die Reihen der Garde stärkt und nicht als Gefangene von ihr isoliert werdet. Gott sei mit euch!"

„Vater, du mußt mitgehen. Du sagst selbst, wir können hier nichts mehr ausrichten."

„Ich komme nach, wenn ihr weit genug fort seid. Als einzelner ist es leichter als in einer Gruppe. Du mußt sie aber alle mitnehmen, weil keiner direkt von hier stammt und sich deshalb auch nicht genau auskennt. Sie würden den Schergen geradewegs in die Hände laufen."

„Vater – !" fleht Marco.

Da mischt sich Momir Mitic ein. „Keine Frage, mein Junge, daß er mitgeht. Aber er hat recht, einer muß zu eurer Rückendeckung hierbleiben. Und das bin ich."

„Nein, Momir. Dann bleiben wir beide."

„Stjepan, wir haben keine Zeit für einen Wortstreit. Einer ist genug, einer kann ausrichten, was hier noch getan werden kann. – Wäre Dusan hier, würde ich ihn auch nicht allein gehen lassen."

Eine Schicksalsstunde.

Stjepan ist kein Mensch, der Gefühle zu zeigen vermag. Aber heute legt er den Arm um Momir und drückt die Wange scheu an seine. Sprechen kann er nicht. Er dreht sich auch nicht um, als sie sich – jeder eine Handfeuerwaffe im Arm – auf den Weg machen.

„Ich muß Mutter noch holen", sagt Marco unterwegs, „sie wird sonst auch eine Gefangene."

„Ich bin sicher, das Rote Kreuz holt die Verwundeten und das Pflegepersonal heraus. Um sie brauchen wir uns gewiß keine Sorgen zu machen."

Da geht der Dreizehnjährige zielstrebig voran zu dem einzigen schmalen Abschnitt am Stadtrand, von dem er weiß, daß sie hier durchkommen.

*

Das Krankenhaus, umgeben von zerschossenen Krankenwagen, ist ein Ort des Grauens geworden. Fünfhundert Patienten starben allein wegen Mangel an Nahrung und Medikamenten. Die Totengräber, so viele inzwischen diese Aufgabe auch zugewiesen bekamen, konnten ihre Arbeit nicht schaffen. Süßlicher Verwesungsgeruch, der ohnehin über der ganzen Stadt hängt, bestimmt die Atmosphäre.

Obwohl die Waffen in unmittelbarer Nähe jetzt tatsächlich zu schweigen scheinen, weil es nichts mehr zu erobern gibt, ist man gezwungen, weiterhin in den Kellerräumen zu arbeiten. In den Gängen stehen die Bahren mit schwerverwundeten Zivilisten, die als erste vom Internationalen Roten Kreuz abtransportiert werden sollen.

Die Räume in den oberen Stockwerken sind teils schwer beschädigt, teils mit den vielen Menschen dicht belegt, die hier Zuflucht gesucht haben. Einige hatten sich schon beherzt auf den Weg gemacht, um die Stadt zu verlassen, aber die Armee trieb sie zurück in das Ruinenfeld.

Hatte man gehofft, die Zahl der Patienten werde sich nun nicht mehr nennenswert steigern, so erweist sich das als Irrtum. Die „Kellermenschen" kommen zögernd und mit teilweise alten, bisher unversorgten Wunden, um sich verbinden zu lassen. Manche müßten dringend operiert werden, aber das ist nicht möglich, weil es am Nötigsten fehlt. Trotzdem oder gerade deshalb arbeiten Ärzte und Schwestern weiter – fast pausenlos.

Jovana hat gerade den Arm eines älteren Mannes verbunden, den eine verirrte Kugel noch traf. Er war auf dem Weg zum Stellplatz für die beginnende Evakuierung gewesen.

„Werden Sie zurückkommen, wenn sich alles beruhigt hat?“ fragt ihn Jovana, „schließlich ist's die Heimat.“

„Ich werde woanders eine finden“, antwortet er. „Hier habe ich keine Zukunft, nur noch eine Vergangenheit. Meine Vorväter sind vor dreihundert Jahren aus der Ukraine hierhergekommen. Ich bin weder Serbe noch Kroate und werde zwischen diesen beiden Mühlsteinen nun zermahlen.“

Was die Krankenschwestern in diesen Wochen an Schicksalen erfahren haben, es würde Bände füllen. Wenn sie übermüdet nur noch mechanisch taten, was getan werden mußte, durften sie doch nicht zu müde sein, um noch zu trösten.

Jovana ist sichtbar gealtert. Es war auch nirgendwann Gelegenheit, sich wenigstens notdürftig zu pflegen. Das bißchen Wasser, das für den dringendsten Bedarf in Tanks aus einem Brunnen geholt wurde, reichte gerade für die Arbeit, nicht aber, um sich etwa ordentlich zu waschen. Die Kleider riechen. Zähneputzen ist zum Luxus geworden. Hätte man je gedacht, so leben zu können?

Händewaschen und die Instrumente auf einem Ofen auskochen, das sind die einzigen Hygienemaßnahmen, die man einhalten kann. Ein Patient, der überlebt, ist ein guter Patient. Er hilft, daß Ärzte und Pflegepersonal nicht verzweifeln. Oft ist dieser oder jener von ihnen nahe daran. Nur Tod und Elend zu sehen, das verkraftet auch ein Starker nicht über Wochen hinweg.

Die Besetzung des erstorbenen Vukovar, dieser Teilsieg über Kroatien, wurde von den Serben teuer erkauft. Noch hat niemand die Toten gezählt, nicht einmal hier im Krankenhaus.

Es waren unendlich viele aus beiden Lagern. Niemand hat die Leichen gekennzeichnet – hier Kroate, dort Serbe. Die Serben in der Stadt sind ja von den Kugeln der eigenen Leute nicht verschont geblieben.

Jovana schaut auf die Uhr. Sie übergibt Schwester Bronca die Arbeit. Elf Stunden lang hat sie heute wieder Dienst getan, an anderen Tagen sind es manchmal auch sechzehn oder achtzehn. Früher fragte sie nicht nach Pausen, aber seit Jesica hier liegt, braucht sie öfter einmal eine Unterbrechung für eine Viertelstunde, um nach ihr zu sehen.

Auch jetzt ist ihr erster Weg zu der Kleinen. Sie wartet schon.

„Tante Jovana“, sagt sie, „vorhin hat eine Schwester gesagt, wir kommen alle weg von hier. Ist das wahr?“

„Ja, mein Kind, wir werden sicherlich in Krankenhäuser gebracht, die nicht so kaputt sind wie dieses hier.“

„Wird mich meine Mutti dann finden?“

„Ganz bestimmt. Alle Namen stehen dann in der Zeitung, und wenn Mutti deinen liest, kommt sie. Aber das kann noch ein Weilchen dauern.“

„Bleibst du bei mir, Tante Jovana?“

„Ja, Jesica, ich gehe nicht ohne dich fort. Wenn du wieder gesund bist, und Mutti hat dich noch nicht gefunden, wohnst du auch bei mir – nein: bei uns.“

„Ich weiß, dann sind auch Onkel Stjepan und Marco da, von denen hast du mir erzählt...“

„Richtig", antwortet Jovana und weiß nicht, ob das eine ebensolche Lüge aus Barmherzigkeit ist wie die Geschichte von Jesicas Mutter.

*

Die Fähre *Slawija* hat nach einer zweitägigen strapaziösen und teilweise schikanösen Kontrolle durch das Militär den Hafen von Zelenika in Montenegro wieder verlassen. Jetzt hält sie Kurs auf Rijeka.

In einer engen Kabine liegt Vilka, im Arm ihren kleinen Jungen. Als Geburtsort gilt Kotor, weil sie sich gerade auf dieser Höhe befanden, als er seinen ersten Schrei ausstieß. Er ist ein kräftiges Kind. Einfach erstaunlich nach all den Entbehrungen während der Schwangerschaft, meint der Arzt, der sich um Vilka kümmert.

Ihn rührt das Schicksal der Menschen, die er hier zu betreuen hat, auf besondere Weise an. Vor weniger als einem Jahr ist er aus Dubrovnik fortgezogen, sonst hätte ihn wahrscheinlich das gleiche Los betroffen. Und darum ist ihm ein anteilnehmendes Wort über das Maß einer gewöhnlichen Patientenbetreuung hinaus wichtig.

„Können wir Ihren Angehörigen Nachricht geben?" fragt er vorsichtig.

„Ich wüßte nicht, wie ich sie erreichen sollte. Die Eltern sind in Vukovar eingekesselt, mein Mann – ", und jetzt kommen wieder die Tränen, „mein Mann blieb schwerverwundet in Dubrovnik zurück."

„Der Kampf um Vukovar ist zu Ende", sagt der Doktor, „von Rijeka aus können Sie gewiß nach den

Eltern forschen." Für Dubrovnik fällt ihm aber nichts Mutmachendes ein. Um seine Verlegenheit zu verbergen, fragt er: „Wie soll der Kleine heißen?"

„Marijan, wie der Vater. Marijan Travic."

Der Doktor horcht auf. Ist ihm dieser Name in den letzten Tagen nicht schon einmal zu Ohren gekommen? Ehe er aber hier die Frage stellt, die ihm auf den Lippen liegt, wird er sich erst bei dem einen der Verwundeten erkundigen, die ganz zuletzt auf die Fähre gebracht wurden.

Eine Stunde vergeht, da kommt er noch einmal zu dem jüngsten Passagier und seiner Mutter. „Ich habe eine gute Nachricht für Sie: Ihr Mann ist an Bord ..."

„Ist das möglich? O Gott, hab Dank, hab Dank! Darf ich ihn sehen?"

„Ein paar Tage muß er noch liegen, seine Verletzung war schwer. Aber er ist über den Berg. Morgen dürfen Sie schon einmal zu ihm."

Vilka schließt die Augen und faltet die Hände. „Herr, du sorgst besser für uns, als wir erbitten und verstehen können. Laß das auch den kleinen Marijan erfahren ..."

*

Die Trümmer von Vukovar ragen anklagend in den Himmel – Mahnmale haßgesteuerter, sinnloser Zerstörung. Am Stadtrand erst jüngst vernichtete Panzer, Granatwerfer, Artilleriegeschütze, Fahrzeuge. Die Kroaten haben sie während ihrer Offensive von Maisfeldern aus beschossen und außer Gefecht gesetzt.

Ausländische Journalisten kommen, um den Ort zu besichtigen. Die Gruppe macht unter dem Schutz der Armee ihre Runde. Nur einer von ihnen, Ronald Bird aus Großbritannien, hat den Anschluß verpaßt. Zum Glück braucht er keinen Dolmetscher, er hat Journalistik und auch Slawistik studiert. Aber nach einem Führer durch das wüste Labyrinth dieser Stadt muß er sich umsehen. Da läuft ihm ein Freischärler in den Weg.

„Wären Sie bereit...?" fragt er.

Der läßt sich nicht lange bitten. Offensichtlich weiß er auch überall und in jeder Hinsicht Bescheid, er bleibt keine Antwort schuldig. Beinahe beängstigend perfekt, aber doch ein Volltreffer, gerade ihn erwischt zu haben!

„Hauptmann Slavko", stellt er sich vor. „Ich mache Sie aufmerksam, daß hier Minen liegen. Seien Sie vorsichtig und folgen Sie mir, ohne nach rechts oder links auszuscheren."

Mister Bird folgt ihm gehorsam. Ab und zu muß er sich jedoch die Nase zuhalten, weil ihm übel zu werden droht. In der Straße, in die sie gerade eingebogen sind, liegen Kadaver und Leichen.

„Bis hierher sind die Sondertrupps noch nicht vorgedrungen", entschuldigt sich Slavko quasi, „sie haben mit der Entschärfung und Beseitigung von Sprengfallen zu tun, die die Ustaschen auf ihrem Rückzug ins Stadtzentrum hinterlassen haben. Diese Faschisten, sie haben uns den Krieg aufgezwungen! Wir haben ihn wahrlich nicht gewollt. Schauen Sie, da steht die Armeekaserne namens ‚14. Slawonische Brigade', sie war der eigentliche Ausgangspunkt und

Grund der Schlacht um Vukovar. Kroatische Einheiten hatten sie eingeschlossen und täglich mit mehr als hundert Granaten aus allen Kalibern beschossen. Das konnten wir uns nicht bieten lassen, wir mußten schließlich angreifen."

„Sie wurde von Freischärlern attackiert?" fragt Ronald Bird mit Blick auf Slavkos Tschetnikabzeichen.

„Nein, nein, zunächst von der Bundesarmee. Aber wir sind letztlich *eins*, und wären *wir* nicht so flexibel, so wendig, dann wäre hier manches mißlungen ..."

Bird betrachtet das Hauptgebäude der Kaserne. „Täglich hundert Treffer, sagten Sie? Wie viele müssen dann die jetzigen Schutthaufen in den Straßenzügen abbekommen haben? Die Kaserne ist vergleichsweise – von den zerbrochenen Scheiben abgesehen – kaum beschädigt, und auf dem Gelände der Garnison sind nur wenige Granattrichter zu sehen."

Slavko wird ein wenig unsicher, aber er überspielt es geschickt.

„Im Anfang, als ringsum noch alles stand, war dies schon schwere Beschädigung, verstehen Sie? Und dann befreiten sich unsere Helden, und die Kaserne war nicht mehr das Ziel."

„Sie, Slavko, waren von Anfang an dabei?"

„Sechsundachtzig Tage – war die Stadt belagert. Wissen Sie, was das heißt? – Schauen Sie: Hier, der Stadtkern, einst geprägt von Barockbauten mit zahlreichen Laubengängen, ist kaum noch als das Zentrum der blühenden, von serbischer Akkuratesse geprägten Fünfzigtausend-Einwohner-Stadt zu erkennen.

In diesem Bäckerladen – die Brezel hängt noch wie ein Hohn über der zertrümmerten Tür – wurde der Meister, ein Kroate, von seinen eigenen Leuten gelyncht, weil er auch an Serben Brot abgegeben hatte. ‚Sie waren doch auch meine Kunden', soll er als letztes geschrien haben. Und solcher Schicksale könnte ich viele aufzählen. Wahre Massaker unter Serben wie unter den ihnen Einhalt gebietenden Landsleuten haben die Kroaten angerichtet.

Wir Serben sind es, die hier für Ordnung sorgen müssen! Man kann sie nicht selbständig werden lassen, weil sie immer Druck ausüben würden. Die Gebiete, wo irgend Serben wohnen, gehören uns. Wir waren immer die, die sich als Herren bewährten. Nur mit uns geht es vorwärts ..."

Slavko steigert sich in seine Rolle. Er will dem Fremden das richtige Bild von sich selbst und den Serben vermitteln, wie er es auch im Ausland verbreitet sehen möchte. Dabei gerät sein Blut in Wallung, er merkt gar nicht mehr, daß er Dinge erfindet oder verdreht. Er hat nie den Bäcker auf dem Markt gekannt, weiß nichts von seinem Schicksal. Die Brezel brachte ihn spontan auf die Idee. Er ist auch längst nicht mehr der, der erst vor ein paar Tagen hier eintraf. Er präsentiert sich als der triumphierende Sieger. Der Engländer kann sich in der Tat glücklich preisen, daß er ihn zum Führer und Informanten hat!

Während er weiter redet, macht Bird sich Notizen.

„Alles in Schutt und Asche. Massaker durch die Kroaten (oder von beiden Seiten?). Man schlachtet sich gegenseitig ab, alles Menschliche scheint erstorben zu sein. Kampf hat noch kein Ende: Verdienter führender Freischärler kündigt weitere Vorstöße auf slawonisches Gebiet in Richtung Osijek und Vinkovci an. Waffenstillstände für sie nicht bindend. So sieht ein Sieger aus!"

Unterwegs macht Slavko den Journalisten auf ein Gefangenenlager aufmerksam. Wie in einen Gitterkäfig scheinen die Menschen gepreßt. Näher herangehen darf er jedoch nicht – sein „Stadtführer" warnt ihn vor Minen. So einfach lassen sich Wege steuern.

Slavko beschleunigt jetzt den Schritt in Richtung Krankenhaus.

„Du wirst mir gehorchen, Jovana", denkt er, „jeder hat uns Serben, jeder hat mir zu gehorchen." Sein Puls geht rascher und rascher.

„Da ist das Krankenhaus", sagt er erregt.

Ronald Bird, der Brite, registriert Hunderte von Frauen und Kindern, die hier Zuflucht gesucht hatten und nun vor dem Gebäude auf ihre Evakuierung warten.

Krankenwagen kommen, um einen nach dem anderen der vierhundert Schwerverletzten in andere Hospitäler zu bringen. Welche Mühsal für alle Beteiligten!

Jovana legt Verbände an. Ein Mann sitzt jetzt vor ihr, hemdsärmelig ist er gekommen, obwohl es wahrlich nicht mehr sommerlich warm ist. Außerdem trägt er eine verschlissene blaue Arbeitshose. Sein rechter Oberarm und die Schulter sind von Granatsplittern durchsetzt. Sie fühlt seinen Blick auf sich ruhen. Oder täuscht sie sich? Das Gesicht aber –.

„Momir Mitic", sagt sie leise.

Er kämpft offenbar gegen seine Schmerzen an, flüstert dann wie im Selbstgespräch und ohne sie dabei anzuschauen: „Stjepan lebt, er ist mit Marco und den anderen entkommen. Ich bin wohl der letzte, der noch beschossen wurde. Konnte mich hierher durchschlagen ..."

Jovana weiß, was sie zu tun hat. Wenn er nicht in Gefangenschaft geraten soll, muß sie ihm Papiere geben. Es sind genug da von Toten. So wird ein Bauer aus ihm, älter als Momir, einer, der gewiß nicht zur Garde gehörte. Dann packt sie ihn auf eine Bahre und reiht ihn ein auf dem langen Kellergang.

„Stjepan lebt, und Marco ... Danke, Momir."

Als Slavko und der Reporter sich Zugang zum Krankenhaus verschafft haben, geht jeder seinem Ziel nach. Ronald Birds Stift fliegt über das Papier. Dieses Elend hier gibt Schlagzeilen.

Slavko findet nach einigem Suchen, während er seine Anspannung kaum noch zügeln kann, Jovana. Sie sitzt am Bett eines kleinen Mädchens mit dicken Verbänden.

„Slavko, du?" fragt sie erstaunt, als sie ihn wahrnimmt.

„Du gehst mit mir!" keucht er befehlend, „schließlich bist du Serbin, du bist meine Schwester!"

„Ich bin Stjepans Frau", antwortet sie ruhig.

Da hebt er seine Pistole. Die Kugel trifft sie mitten ins Herz.

Die wichtigsten Personen:

Stjepan Pavlovic	Lehrer, kroat. Nationalgardist 46 Jahre
Jovana, geb. Matic	seine Frau, Krankenschwester, serbische Abstammung 45 Jahre
Ihre Kinder:	
Marco	13 Jahre
Milan	Student/Diplomlandwirt 24 Jahre
Vilka	Restauratorin 23 Jahre
Marijan	Vilkas Mann, Historiker 28 Jahre
Mihajlo Pavlovic	Stjepans Vater, Bauer 70 Jahre
Olga	seine zweite Frau, fanatische Kroatin 56 Jahre
Slobodan Matic	Jovanas Zwillingsbruder 45 Jahre
Slavko Matic	Jovanas Bruder, Freischärler 40 Jahre
Ivan Movrin	röm.-katholischer Priester
Raco Radic	griech.-orthodoxer Pope

Kroatische Bürger aus dem Dorf Selo:

Petar Guvan	Schmied
Pavlo Durdevic	Lehrer
Dimitrij Sokol	Bauer
Ladislav Belosevic	Bauer
Jovan Petrovic	Bauer

Kroatien
SLOWENIEN
UNGARN
SERBIEN
Varaždin
Zagreb
(Agram)
Bjelovar
Drava (Drau)
Donau
Virovitica
SLAWONIEN
Osijek
Vukovar
Vinkovci
Sl. Požega
Sisak
Karlovac
Rijeka
ISTRIEN
KRK
Pula
CRES
Sava
Slav.
Brod
Banja
Luka
Belgrad
BOSNIEN
UND
HERZEGOWINA
Gospić
PAG
Zadar
Knin
DUGI OTOK
Šibenik
Sarajevo
DALMATIEN
Split
Makarska
BRAČ
ADRIA
HVAR
KORČULA
MONTE-
NEGRO
ITALIEN
100 km
Dubrovnik
© Globus
640